JN044481

晩年の宋斗用

1960年（60歳）の宋斗用

韓国無教会双書　第9巻

信仰文集

下

宋斗用著

曺享均訳

皓星社

凡　例

一、本巻は『宋斗用文集』（宋斗用信仰文集刊行会・全六巻）より李瑨求氏が選び、『韓国無教会双書』第九巻「宋斗用　信仰文集下」とした。

一、難読の用語にはルビを、理解のむつかしい用語には（訳註・）として短く説明をつけた。

一、聖句引用は、特別な場合以外は、『口語訳聖書』（日本聖書協会）を使用した。

一、文中、現在では不適切とされる用語を使っているが、当時の表現として原文どおり使用して「癩病（ママ）」「南鮮（ママ）」のように表記した。但し頻出するものは初回のみに留めた。

一、文章の末尾の（　）内は、執筆年月、掲載誌名、巻号数を示す。但し、表記は必ずしも統一されておらず『宋斗用文集』のままを記す。「通巻」の号数は、一九四六年一月に刊行された『霊断』からの号数である。

傍で見た宋斗用先生

李瑨求

伝道者にも色々な類型があると思う。数百数千の人を一ヶ所に集め、泣かせたり笑わせたりしながらその心をとらえイエスの許に導く人もいるであろう。思想や文章をもって信仰に導く人もあろう。また、神通力を得て、祈りをもって病気を癒やす等の方法で伝道する人も居る。

宋斗用先生の場合は五十年の信仰生活がそのまま五十年の伝道生活であったが、一生を通じて日曜毎に個人伝道集会を導き、個人伝道雑誌をもって文書伝道に従事された事は非常に尊い事である。しかし、より尊い事は、先生は先生の信じる通りを生きられたというその生涯であると私は信ずる。それで私は失礼とは思いながらも、先生の実生活の断片を見た通り、聞いた通り回想する事に依り、我らの信仰の足しにする事を願うものである。

宋斗用先生と私

宋先生に初めて御目にかかったのははっきりはしないが、一九三九年頃と思う。富平の富開洞に住んで居たころ、私の姉が療養のため本家に帰っていたために、先生は度々姉を訪問して下さった。しかし私とは直接には関係の無い方で、会えば挨拶を交わす程度の間柄であった。

故郷にいた幼い頃、初めて韓国に入って来たメソジスト教会により父が入信し、その結果全家族が教会に行く様になり、私も日曜学校に行ったのがキリスト教に接した始まりである。しかし、中学校に進学のため故郷を離れる事になり、二、三年間の日曜学校を以ってキリスト教を完全に卒業しており、キリストに対し、これという理由も無しに、キリスト教は口ばかりの宗教、形式ばかりの偽善的宗教であると思い込んでいた。それで宋先生の接近を警戒しながら敬遠するという態度であった。

しかし、先生が伝道の対象から私を除外する筈はなかった。先生はたゆまず接近され、私は武装したままで少しづつ引かれて行った。その頃宋先生は、梧柳洞駅前に住んでおられた。当時梧柳洞では指折りの邸宅に住んでおられ、書斉には数千冊の本がぎっしりつまっていたので、田舎者の私の目には驚きのいたりであった。

だんだん梧柳洞の家庭集会にもたまに出席するようになり、その頃先生が導かれたM・R・A・集会にも参加した。また、開放的な先生の書斉にある本を自由に拝借して読む事も出来るようになった。プラトン、ヒルティ、ユーゴ、塚本虎二、内村鑑三等の本を読み耽った。特に『後世への最大遺物』に依りキリスト教に対し好感をいだく様になり、また宋先生に接するうちにキリスト教が自分が思っていた様なものとは別なものである事を知り、ついにこれを信ずる気になってきた。しかし、私が金教臣先生に一度も御会いする機会を得なかった事や、一九四二年宋先生等が「聖書朝鮮事件」で一年間入獄された時に一度も面会に行った事が無かった事からもわかる様に、先生とはさほど深い関係にはなっていなかった。

しかし、先生が獄から放免となり、家に帰されてからは、かかさず梧柳洞の集会に参加したと思う。

のみならず一対一の聖書講義を授かった事も有り、私事の相談相手にもなって下さった。

解放後、私は梧柳洞に引越して来た。先生が個人雑誌『霊断』を始められる事になり、私はガリ切りから製本、発送に到るまで助手役を務めるようになった。それはわずか二十二号で中断されたから二年ほどの間であり、雑誌とは言え、紙質も悪く、下手な字でまずい謄写で実に読みにくい雑誌であった。柳永模先生から「発行するならもっと読める様にしたいものだね」と忠告された事は今でも忘れられない。貴重な内容でありながらそんなお粗末な本であった為めに、その雑誌を読んで益になった人が幾人いたかはわからないが、人はいざ知らず、それに熱中した私に取っては、その頃が黄金時代であり信仰の急進期であったと思う。

私はその後十年間地方に行っていたし、ソウルに帰ってからも七、八年間は独自の道を歩いていたが常に先生の御指導にあずかっていたし、再び梧柳洞に引越してからは宋文鎬、韓哲萬兄の二人と共に代わる代わる先生の集会で司会を命ぜられていたが、先生が長峰島に行かれてからは、宋文鎬兄は独立して仁川集会を主宰し、私は梧柳洞集会で韓哲萬兄の旧約の勉強を助けて、新約の勉強を担当する様になり、『聖書信愛』誌とも格別な関係を持つようになったから、私の信仰は宋斗用先生抜きには考えられぬと言わねばならぬ。

誰が私の家族か？

宋先生の生活の特徴は「君と僕が一つになる世界」を夢みる生活であると言える。誰でも自分の血縁だけで団欒する家庭を持つものである。しかし先生にはそれがはなはだ薄い。若い頃から先生の家庭には他人が出入りしていない時は無かった。集会の者達とは勿論、乞食の少年をつれて来て寝食を共にする事は珍らしい事ではなかったし、癩(ママ)患者とも食膳を共にし、教導所から出所した少年と生活を共にするとか、今でも重症患者や泊る所の無い人達等と一緒に生活しておられる。若い頃はこうした理解し難い行動のために奥様とのトラブルも時々あったようだ。そうした反面、我が子等にはおざなりで、甚だしい時には先生のある子供は孤児院で育った、それが従兄の経営する孤児院では有ったにしろ孤児等と共に寝、共に食い、共に教わったその子は父母の温かい愛情に飢えて育ったために、今でも両親に対する愛情よりも院長と密な関係を持って暮らしておられる。

こうした事は何もわざとやった事では無い。豊かにあった財産も信仰生活二十年余りですっかり使いはたし、今は子女の学費を賄う能力も無くなったからであった。それに「我が子」、「我が家族」と言った思いよりも、信仰の家族に対する思いが強かったからであると思う。こうした事などは良かったのか悪かったのかは見方により違うと思うが、イエス様の生活ぶりに似た所がある。イエス様が大勢の人に話しておられる時、母と兄弟達が会いに来た事を知らせると、「私の母とは誰ですか。また、わたしの兄弟達とは誰ですか」と言われてからイエスは手を弟子たちの方に差し伸べて言われた。「見なさい。わたしの母わたしの兄弟たちです」(マタイ一二・四六〜五〇)と。宋先生の生活を見ているとイエスのこの言葉が思い出される。

先生が「僕には親しい人がいない」と度々言われるのを聞く。先生を非常に愛して居られる唯一の兄さんとも仲良しとは言えない。それは彼が熱心なものみの塔張りの伝道者で、信仰上の相違からのようである。

それから、先生を尊び慕う男にも愛情をそそがれなかった様に思う。彼が事業に成功し、社会の尊敬を受け皆の羨望の的となっているにも拘わらず、先生の高き理想と信仰の一致が得られないから見向きもされなかったと思われる。

いや、誰かれと言わず、先生の周辺の者で近ければ近い程「君は良い信仰を持っている」とほめられた者は一人もいない。先生は先生自身の信仰的理想に合致した生き方をしてほしいと思われるからであろう。

先生の近くにいる者達には「僕と争わない者は僕とは関係の無い者だ」と言われ、事実、先生に近づいた者で誰一人無理を言われたと思わない者はないであろう。また、涙を流さなかった者もいないと思う。たしかに、先生はキリストの如く孤独な人だと思われる点がある。

我が物が君の物、君の物が我が物

宋先生は貧しい家に生れられたが、幼い時富家の養子になられた。御自分の財産を良く管理したならば大富豪になられたであろうと言われている。しかし、先生は「貧しき者は幸なり」（ルカ六・二〇）との教えを文字通りに信じられた。「人は二人の主人に兼ね仕えることはできない」（マタイ六・二四）。宋先生は神を主人に選ばれたから、お金を拝むような事は絶対にされなかった。お金はお金を拝む人の所に流れ込む。神を拝む人の所には入ってこない。

私が先生を知るようになった頃は、先生の財産はすでに傾きかけていた。そのはずである。先生は「わが物は君のものだ」といって、人々が先生の物をどんどん使って消費するにまかされたからである。こうして、どんどん財産が減ってゆくと、大きな家を出られて小さい家に移られた。そして、また財産がへると、もっと小さい家に移られ、実にたびたび家を引越された。後には借家を転々として移り、ついに「家もない。お金もない」という状態になってしまった。「狐には穴があり、鳥には巣がある。しかし人の子には枕する所がない」（マタイ八・二〇）と言われたイエス様と同じになってしまわれた。

この世の多くの信者が「イエスが貧しい者は幸だ」と言われたのは象徴的な教えにほかならない。現実には生きるために金が必要だ」といっている時に、宋先生は「ぼくはマナで生きるのだ」といって泰然としておられた。

たまには問題が起らないでもない。「我が物は君の物」と言う生き方をする人には、「君の物は我が物」という資格があると思う。しかし、宋先生がそうした事を言われると問題になる。

一つの例を挙げれば、J兄弟が五千坪程の農園を先生に差上げた事がある。それからの収益によって伝道を続けられるようにとの善き考えからであった。その後J兄弟は農園の経営計画について先生に御たずねした。先生は「僕は元から計画なしの生活だよ、その時その時の神の御示しに依って生きて行く」と答えられた。J兄弟はあきれた気持ちで自分の意見を述べて、「その様にされたら良いと思います」と申し上げた。すると先生は御気嫌を悪くされて「君はあの土地が自分の物であった時にそのようにせずして、なぜ人に与えてから、ああせよ、こうせよと差図するのか？」と怒られたという。J兄弟は気を悪くして先生の許を去ってしまった。あれから数十年も経た今日でも、J兄弟には先生の御言葉が理解されずのままらしい。このように先生は人為的な計画とか物質にこびりつく様な事を非常に嫌われる。その後、やはりその農園も「我物が君の物」と言った先生の方針で無くなってしまった。こんな例は一つや二つでは無い。「神の愚かは人の聡きよりも勝れるなり」と信じつつ生活される先生には、比の世の智慧ある者は寄り付く事が出来ない。

こうした問題がある毎に非難の声も高く恨みの声

も出る。私も先生のなさる事を何でも美化しようとは思わない。ただ確かな事は先生はひとの物でも、我物でも、物質にこだわってこれは我物なりと縄張り意識をもって育てて、それに依って安楽に暮らそうという考えはなかった様に思う。

事業に失敗を重ねた一人の息子さんは「父が財産の半分だけでも残していたなら、ぼくはすばらしい事業を興してそれを成功させて見せるのに」と、くやしがっている。とにかく、財宝に引きずられる生活でなしに、財宝を無視しての生活は実に羨ましい。良い悪いは別として、イエス様の生活ぶりに似た所があると思う。

失敗で成功した教育

「失敗が成功なり」と言う逆説が成り立つならば、先生の教育事業に与えて見たい言葉である。一生を通じて念願し実践しながらも、一人のこれと言った名士をも出し得ず、これと言った教育機関を育成するを得なかったが故に失敗である。しかし、一生を比の世と野合せず、捨てもせず、理想に向って最善を尽しておられた事は成功と言えるのではないだろうか。

故郷を去って梧柳洞に定着して、ぶどう園を造り農業を始めたことがある。その当時は梧柳洞には小学校が無かったので、子供たちは五、六キロも離れている素砂に通学せねばならなかった。それで学校に行けない子供が多くあった。宋先生は農業も重要だが教育もせねばならぬと考え、酒造所であった空(あき)屋(や)の広間を借りて夜間学校を始められた。それが「梧柳学園」として昼の学校になり、解放近くには数百名の充実した小学校となった。無窮花(むくげ)事件など民族教育の逸話も残した。それが解放後公立国民学校に改編され、今では卒業生が一万名を越える大国民学校となった。(政池註・その時宋先生は校長になれと言われた辞退された。)

訳註　無窮花事件というのは、ある教員が校内に無窮花を植えたので日本政府（総督府）は宋校長を呼びつけ、「旧朝鮮の国花を校内に植える事は独立運動である」といってその教員をむりに辞めさせた事件である。

公立国民学校長にならなかった宋先生は、その後「梧柳幼稚園」を創設して幼児教育にも尽力されたが、一九五〇年に起った朝鮮動乱のため中断され、今は他の人に依って経営されて居る。

さらに休戦後安定期に入って、梧柳学園（中学課程）を始められた、十数人の生徒をもって発足し二年余悪戦苦闘したが、これは完全に失敗に終った。その頃は天幕を立てて学校を始めれば、数年足らずしてコンクリートの校舎になり学校財閥になり得た時節であった。(政池註・ウソを言えばアメリカが助けてくれたからである)。

しかし、真実を教えるのが教育であると信じて居られた先生には、「成功の為めには手段方法を選ばず」と言ったやり方で学校を発展させようとは思わなかった。それで結局は失敗に終った。しかし、どんな方法ででも大きな学校を作った方が成功なのか？　それとも最善を尽しても出来ないからやめたのが成功かはわからない事である。

只今やっておられる「プルン学園」も見たところ成功したとは言えない。認可の問題だけにしても一九七一年春に認可願いを提出してから、四年の間数千回も書類を書替えて提出され、やっと昨年の暮に認可が降りた。「我国では出来る事も無ければ出来ない事も無い」と言う意味は、当然出来る様な事でも何か手段を講じなければ出来ない、そのかわりに出来るべきで無い様な事でも、手段を講ずればすぐに出来ると言う事らしい。しかし、先生は四年間たゆまず認可要件の不完全なままで、手段方法も講ぜずに認可を得る事に成功した。傍で見て居るとばかげた事の様に見えたが、真実と誠意があれば、出来そうに無い事でも出来無い事は無いと言う事を証明した様に思う。この世の人は自分が真実になる前に人を疑い、人を悪者にしているのでは無いだろうか。

宋先生は学問を教える教育には失敗されたかも知れないが、真実を教える教育には成功されたと言っても過言ではなかろう。

一対一の伝道

宋先生はどんな職業を持たれたでしょうか？と問われるならば、一時は農業に従事された事があり、商業を試みられた事もあり、教育に熱中された事があったとも言えるでしょうが、それが職業であったと言えるほどの事は何もない。それらの仕事も伝道の方法としての試みにすぎなかった。

しかし、先生は御自分を「伝道者」とも言われないようである。唯「神を信じ、信ずる如く生活する事は伝道である」と言われ、「そう言う意味に於いては私も伝道者である」と言われたが、事実、先生は職業としての伝道者ではない。

しかし、全生涯神を信じつづけ周囲の者と縁が結ばれると、その魂と一対一の相手になられて、私の場合と同じく、その人に信仰を持たせてしまわれ、そのほとんどすべてと深い個人的な交わりに入られた。

そうした事は、宋先生に対する人々のつける愛称からも伺える。ある人は「小父さん」、ある人は「兄さん」、ある人は「お父さん」、(今では長峰島におられるので)「長峰のおじさん」と呼ぶ。実に愛称が多く、その誰とも家族同様な交際をされる。高遠な学問の授受、厳格な訓育に依り結ばれた師弟関係と言うよりは、純粋な血の通ずる関係で、共に泣き、共に笑い共に苦しむ関係であった。よって縁ある者との交際が始まるならば、その兄弟、その父母、その子供等と言うふうに交際が広まってゆく。宋先生の伝道方法はこういう方法であった。

こうした事は程度の差はあるであろうけれども、イエス様の伝道生活の様子を連想させられる。最初にシモンとその兄弟アンデレを呼ばれ、次にゼベタイの子ヤコブとその兄弟ヨハネを呼ばれ、その後マリヤ、マルタ、ラザロ三人の家庭との関係ができた事や、その当時と初代教会に於ける構成人員の家族的関係などが連想される。

信ずると言う事は理論ではない、生きる事である。先生は使徒行伝に於ける共同生活の様な事を非常に憧れておられた様な気がする。「君と僕が一つになる世界」という、理想と夢の世界に住んで居られる様である。先生には目に見える事によって自慢し得るものは何もないが、先生の今までの生涯は信じる通りに生きるという理想を現実に示された「高尚にして勇敢なる」御生涯であると私は信じる。

政池言う。このような先生を私の友人と言い、このような先生に友人と呼ばれる事を私は光栄とします。

（一九七五・一二、政池　仁『聖書の日本』四七五号）

監修者註・李瑨求氏は、宋斗用先生の弟子で宋先生の晩年以降、二〇一一年一一月まで、『聖書信愛』誌の主筆・編集の責任を負われ、本双書八・九巻の文章の選択・編集をされた方で、掲載させていただいた。

目次

宋斗用信仰文集　下

第一部　聖書雑誌あれこれ

第四部　師友

第五部　韓日霊交

宋斗用信仰文集　下

一部　聖書雑誌あれこれ

『隠れたくらし』の発刊に際して

一、出すことになった動機

私は『霊断』を中断してから二年もの間、どうしたらよいか決められなくて大変苦しんだ。しかし、私の意のままにできないことだし、そうすることを欲しなかったし、また、私が言ってできることでもないので、他人が何と言おうと、わが心の中に確信ができるまでは、忍耐して待つことにした。そうしながらも、一方では『霊断』の発行など「完全に放棄してしまえばいいのに！」という考えとともに、この機会に山中にでも籠もってしまいたい気持もあった。そんな時、意外にも紹介する人が現れて、江華島の山中の田舎に行くことになった。どんなに嬉しかったか。もう神様は探されないだろうという気がするのであった。それよりも実は、こんなにまで導いて下さったのだから、もうこれで二度と雑誌を出すことなどは蒸し返されないだろうとタカをくくっていた。

ところが、山はよし（木が大変豊富で）水もよし、飲み水はそれこそ薬水で、味もさることながら胃腸病によく効きくものだった。空気のよいことは言わずもがな、鶯（うぐいす）、郭公（かっこう）の啼（な）き声にそれこそ私は酔うようだった。私はいつまでもここで暮らしたいと願った。そこで畜産もしたいし果樹園もしたい思いで計画も立て、準備も進めた。私はこれで願っていた暮らしができることになったと思った。私の理想を実現する機会がめぐってきたからである。

ところが三ケ月足らずで、ある日、神様は私をその山の奥から追い出してしまわれた。最初、私はその御心を悟ることができず、とりあえず家族だけ家を引っ越させ、私はそこに留まろうとしたのだった。しかし日が経つにつれて、結局私自身も家族と一緒にその山奥から引っ越さざるをえなくなった。夢にも考えられなかったことであった。こうなっては私の理想はとうてい実現できる可能性がなくなってしまう。再び苦悶が起きた。

私は当時、ちょうど出エジプト記を読んでいた。そうして読み進むほどに、私の心は燃えだした。今になって考えてみると、モーセが焰の中で神に出会った（出エジプト三・三）のも、このようなものではなかったか。私はヤコブのように神と相撲を（否、私は闘いを）とらざるをえなかった（創世記三二・二四）。モーセも神とどんなに争ったか知れない。神が「わたしはあなたをしてイスラエルの民をエジプトから連れ出させるであろう」と言われたとき、モーセは「わたしはいったい何者でしょう。わたしがパロのところに行ってイスラエルの人々をエジプトから導き出すのでしょうか」（出エジプト三・一一）と言って逆らった。

そしてモーセはさらに、「彼らは私を信ぜず、また私の声に聞き従わないで言うでしょう」と神に反駁した（出エジプト四・一）。それでも神はそのように命令を下したので、モーセは仕方なく「ああ主よ、私は以前にも、またあなたが、しもべに語られてから後も、言葉の人ではありません。わたしは口も重く、舌も重いのです」（出エジプト四・一〇）と言って、今度は哀願した。

それでも神は「誰が人に口を授けたのか……主なるわたしではないのか。それゆえ、行きなさい。わたしはあなたの口と共にあって、あなたの言うべきことを教えるであろう」と言われた。その時もモーセはなおも負けずに「ああ主よ、どうか、ほかの適当な人をおつかわしください」と言って従わなかった。そうしたところ、神はついにモーセに対して怒りを発して言われた。「あなたにはアロンという兄がいるではないか？　あなたに代わって民に語るであろうし、あなたは彼に対して神の代わりとなる」（出エジプト四・一一〜一六）と言われた。その後も何回もモーセは神に向かって「自分は口が重い」と告げて、自ら嘆き、苦悩した。

ああ！　これはモーセのことではなかった。私はどれだけ神に反逆し粘り強く反発したことか。私はあたかもヨナのように神を避けようとした。如何に畏れ多く恥ずかしいことだろう。実は私も島に行く前に、ある不思議な気持ちがした。しかし、私はそんなことは何か間違った考えだとばかり、一笑に付してしまい、私は江華に行ってしまったのだった。今考えてみると、それは必ずしも私自身の考えだけではなかったような気がする。しかし、神の権能の前には、ヨナの不信も無力であったように、こうなった以上は仕方なく、私は躊躇しながらも結局島を離れざるをえなかった。

しかし、これから何をどうするというはっきりした計画と確信はなかったが、ニネベに上陸したヨナには前後をわきまえる余裕もなく、そうする必要もなかった。自分を待っている、そして、やらざるをえないただ一つの事があるだけであった。それは言うまでもなく、堕落と腐敗で神の前に罪深いニネベの民に、神の御言葉を伝える任務であった。ヨナならぬ私、ましてや到底モーセなどには及ばない私、しかし、ある命令を受けてその指示どおりに、方角も行き先への定めもなく故郷を旅立ったアブラハムのように、ただすべてを神がとりなし給うことだけを頼って、不信の私はエジプト（島）を抜け出て梧柳洞に帰った。

そして考えたことは、差し当たり雑誌を続けながら、集会を始めることにした。もともと、何か発表するに値する内容もないので、結局外形よりも内なる人の「隠れたくらし」を証ししようとするものである。ところでおかしいのは雑誌『隠れたくらし』、を世に露(あらわ)にすることの矛盾である。誰がよくこれを説明し、そして理解できようか。私にもわからない。もちろん他人をや。しかし、私は他の人が何と言おうと、私は私の道を独りで(しかし独りではなく、独りではできもしない)静かに歩んで行くのみである。これが『隠れたくらし』誌を出すことになった動機である。

二、お前は誰か?

そんなことを知ってどうする? しかし、知らな過ぎても間違いが起こりかねないので、簡単に『隠れたくらし』を編集する者自身の紹介をしようと思う。彼は知識のない者である。特に神学などは全く白紙である。教会とは少しも関係がない。勿論、宣教会も知らない。彼は二十一歳になる春にキリストを示されてから信仰の生活を始めたのだから、今年はちょうど二十五周年を迎える年に当たる。

過去には『聖書朝鮮』誌の同人だったが、同人六人の中の末弟であった。最初から同人などになれない身なのだが、先輩たちの信頼と愛が彼を引っ張って、このくらいまで育ててくれたのだ。しかし、今まで伝道の経験はない。ただ家庭集会をするだけだったが、解放後『霊断』を二年間出したが、続けられず、同時に集会もやめてしまった。そして満二年のあいだ放浪生活をした。そうして不思議な摂理によって、再び雑誌と集会を始めることになったのである。

彼はもちろん先生でも指導者でもない。ただ彼は誰かの僕(しもべ)(或いは器)であることを深く感じて、自分の足らざるを知りつつも、ある命令のままに動くだけである。彼がいつも考えるには、自分はむしろその程度にでもなれば……、という思いでやって来た。それは「かけたる半月（はんげつ）」である。「かけたる半月」！　世にもつまらないものではないか？　しかし、山間僻地で灯火もなく、道を探せないで迷っている寂しい旅人には、その小さくておぼろげな「半月」でも助けを与え、あるいは慰めになるかもしれないと思ったからである。

こういうわけだから、『隠れたくらし』誌に期待をかけたら、大きな間違いだと思う。だからこちらでも決して立派な読者など望まない。知識のない者、貧しい者、特に、この世が受け入れてくれないならず者、罪深き者は来なさい。あなたたちはれっきとした神の息子、娘なのだ。恵みと愛と救いと永遠の生命の道があなた方に注がれているのだから。

最後に、大体推測できると思うが、態度をはっきりするため申し上げたい。彼は無教会の信者である。聖書一巻、聖霊の交わり、それだけがそのくらしの全てであることを知らせておく。

三、経営の方法は？

資金もなければ同人もいない。計画も目標もない。だから危険でもあるし、頼もしくないのは言うまでもないことであろう。経営者は見えない所にいます方なのだから、徒手空拳、二つの拳だけを持って眼をつぶって後についていくのみである。『隠れたくらし』の、召使いは悪い怠惰な僕だが、主人（訳註・神様のこと）は善良で真実なる方である。事の責任は僕よりは主人が責任を負うのだから、心配ご無用である。

今もある友人の好意によって、一ヵ月以上部屋と飯と衣服（必需品）と、甚だしくは小遣銭までも供給してもらいながら、『隠れたくらし』の創刊号を製作中である。本当に不思議なことである。無教会の信者がやっている仕事を教会の信者が、それも全く思いがけないことに物心両面にわたって援助してくれるという事実は、私にとっては、ある恐ろしい真理を教えられている気持ちである。神様は正直であられる。口先の人、考える人よりも、心の奥底に深く真実を保持している者（われ知らず無意識にそうしている）を最も嘉納し給うように思う。『隠れたくらし』の第一号は、このようにして「隠れたくらし」をしている、ある「隠れた」兄弟の愛の贈り物であることを申し述べておく。

愛する読者たちよ、『隠れたくらし』の経営に対しては、問わないようお願いする。私自身やはり分からないのだから、どうして答えることができよう。人は干渉すべきではないし、干渉できることでもなく、してはならないことである。御心のままになっていくであろう。焦慮、心配、不安は何らご無用である。むしろ妨げになるであろう。

最後に『隠れたくらし』には規定も約束もない。月刊にしたいと思うけれども、無理してできることでもないので、全力をあげてできなければ、成り行きに任せるしかない。しかし、いくらかのお願いをしておきたい。

一、誌代は必ず現金で、しかし、半年分以上を越えないこと。（できれば三ケ月分以内で）

二、できるだけ書店や他人を通してでなく、直接読者になっていただきたい。

三、無料読者を願う場合には（貧困や伝道用で）、直接事情をお知らせ下さい。

四、注文なしでこちらから送っているのは無料にします。（読むことを欲しない場合には返送するか、または、発送しないようお知らせ下さい。）

五、住所変更の場合は、必ず前後の住所を早く詳しくお知らせ下さい。

（一九五〇・三、『隠れたくらし』第一号）

＊発刊の経緯は本巻三三頁参照。

『聖書人生』の発足に際して

聖書と人生は分離できないという意味で、「聖書と人生」とすることもできよう。しかしそれよりも「聖書的人生」という意味がそこにはある。それは「聖書と人生」は不可分のものとはいうけれども、なお各々別の存在なので、距離があることは事実である。そこで「聖書的人生」としたほうが、という気がする。しかし、それでも何かしら間接的なような気がし、若干距離があるように感じられる。だから、むしろ「聖書の人生」としたい。しかし、それもなぜか物足りなさを感じる。そこで結局「聖書人生」は文字どおり「聖書と人生」でもなければ「聖書的人生」でもないし、「聖書の人生」でもない、ただ「聖書人生」であるのみ、という結論になった。

では『聖書人生』とは何か？ まずこれは単なる

雑誌の名前である。それはキリスト教を語り、証しをし、そして伝道しようとする、キリスト教の雑誌である。しかし、これは教派でも教会でもない。ましてや外国の宣教師や宣教機関とは何らの関係もない、個人の雑誌である。だから、その筆者が牧師や長老でないことは勿論であるといって、学閥やお金や権勢があるのでもない。だから、そんな人間に何かの後ろ盾とてあるわけがない。

それのみか、彼は神学も、科学も、哲学も、その他何らの知識もない、極めて無学で貧しい平信徒の一人である。そんな人間に、資金や原稿などが準備されているはずがない。これはどんなに危険で無理なことだろうか。明らかに愚かなことのように思われる。否、むしろ無知の致すところだと言うのが当たっているのかも知れない。

だから誰かを教えようとするのでもなく、(勿論教えることもその能力もないけれども)だからといって事業や道楽でやろうというのでもないし、ましてや何かの悟りがあってそれを叫んでみようというのでもない。ただ、自分自身はあまりにも弱くて至らぬ者なのだが、三十五年間も頂いた恩恵があまりにも大きくて多いので、そのことを理解しきれず、充分消化してわが物とすることもできていないままに、ただ導かれ押し出されたのである、過去におけるあの多くの罪を代贖して下さり、現在のあらゆる罪までも引き受けて下さる私の生命の主イエス・キリストが架かられたあの十字架を仰ぎ見ながら、無限無窮の感謝と感激を隠そうにも隠しきれず、埋めておこうにも埋めきれず、耐えかねてとうとう書かずにおれなくなってしまった、それ故、これは私の一つの呻き声に過ぎないのである。何ととるに足りないものなのだろうか。

事実を告白するならば、二十一年間の不信の時代は言わずもがな、いわゆる信仰生活をしているという三十年間においても、どんなに自分は不信であり、また反逆のくらしであったか分からない。うわべでは「父に仕え、いつも父と共に」いるように見えても、実状は「遠い国に行って放蕩を尽くし、その財産を浪費した」だけである。信仰とは形式と口だけで、心（考えまたは精神）は神を遠く遠く離れて肉（またはこの世の中）にこだわり続け、全ての恵みと祝福を惜しげもなく濫用し、浪費して、全てを流してしまったのだから、どうしようもない（ルカ一五参照）。

だから『聖書人生』に書いたことはまことに足らぬものながら、一つの大変小さな懺悔録であるのかも知れない。しかしそれだけ、これは肉に対する（あるいはこの世に対する）、言いかえれば「真理に逆らう全ての不義」（ローマ一・一八）に対する一種の宣戦布告であると共に、私を肉的な存在としか対することを知らない全ての隣人たち（家族をはじめとして親しいとか親しくないとか、信ずるとか信じないとか、間接直接を問わず、私と関係のある全ての人たち）に対しては、ある意味において「死亡通知」、すなわち訃報であるのかも知れない。

またそれだけではなく、信仰生活とは、元来、決して私的な享楽でなくて公的な戦闘なので、信者相互間にはたまには同志間の消息を通じて相互扶助し、お互いに励ましあう必要がある。そして、各自が上から頂いた愛と慰めを時々分かち合うことによって、お互いが多くの希望と喜びを持つこともできるのである。こういった意味で、『聖書人生』は生活（または闘い）の報告であるとともに、キリストとの繋がりをお手伝いする愛の手紙であり、生命の「コイノニア（交わり）」でもある。

もし『聖書人生』が以上のような役割をすることができるならば、（必ずしなければならないし、また、しようとしているのだが）、これは実に恐ろしくもあり、また、悲しくもある。しかし一方、貴いことであると同時に嬉しいことでもある。しかし、これはできるとか、やりたくてすることではないので（私にはそれほどの真実も熱心もないので）、それだけはなによりも心細いことである。だからこれは、たった一回だけでやめるようなことになったとしても、やらないわけにはいかないし、どうしようもないことである。なぜならば、これは到底避けられないし、打ち勝つことのできないある強大で恐ろしい圧力に押されて、仕方なく辛うじて筆をとったからである。したがって大変恥ずかしくもあり、どんなに気遣われることか知れない。（ああ！　私はあたかも常習的な脱獄囚のように、あらゆる口実と手段を尽くして、何回、回避し逃げ廻っただろうか）

　何と哀れなことだろう。そうしてみると、これこそは百尺竿頭（かんとう）で刀をくわえて飛び降りることか、さもなければ後ろには絶壁がそびえ立ち、前には大海が横たわっている進退極まった背水の陣なのかも知れない。そうだ。ただ畏れおののくばかりである。

　『聖書人生』！　これは聖書を人生の中軸とし、またその土台に据えようということである。聖書を日常生活にある程度参考にし利用しようというのでなくて、聖書の中に深く埋もれて暮らそうというのである。否、聖書の生命をそのとおり生きようというのである。アブラハムのように神と同行し、モーセのように神に服従し、ダビデのように神を信じて依り頼みつつ暮らそうというのだ。

　言いかえれば、聖書が語り教えている信仰の生き方で暮らそうというのである。したがって『聖書人生』の目指すところは、すなわちその理想も目標も、その方法も手段も、ただひたすらに信仰一途を邁進しようとすること以外の何物でもない。それだけが最も正しく、真であり美しく、そしてまた、最も深い意味と高い値打ちのある人生と信じるからである。

どうして聖書がかくも貴く、その言葉を信じることがそんなにも必要だろうか。聖書の中心は、否、生命はキリストであるからである。だから結局キリストを信じなくてはならないということであり、信ぜざるをえないということである。然りである。結論はキリストを信じよう、否、キリストを生きようというのだ。これだけが『聖書人生』の祈願であり、目標であり、主張である。主イエス・キリストこそは『聖書人生』のアルファでありオメガである。全てのものが、イエスにだけあるからである。

それゆえ『聖書人生』よ！　汝は階級も宗派も、貧富も貴賤も、そして知識の有無も、老若男女の区別も、然り、人種も国境も、その他、如何なる差別も境界もはばかることなく、臆することなく、媚を売ることもなく、ただ義に飢え真理に渇きし者と、平和を渇望し光と生命（または自由と独立）を探し求める全ての謙遜にして純真なる者、そして、無学、無能、無力にして、貧困や病魔にさいなまれている多くの魂とともに、泣きつ笑いつ、生命をやりとりできる友になれよ。『聖書人生』の使命は、それを除いて何があろうか。主の命令と要請と期待は、まさに、それなのだと信ずるからである。

おお！　主よ、御意のままに。

一九五五・一・三一　早天

（一九五五・六、『聖書人生』第一号）

監修者註・『隠れたくらし』は朝鮮戦争（一九五〇〜六）が起こり、二号で中断した。その後（一九五五年一月）『聖書人生』を発刊した。

『聖書人生』である理由

聖書はキリスト教の経典である。キリスト教は聖書を神の御言葉として信ずる。聖書は神の言葉を記した書物であり、その名前である。ところで、聖書の根本主張は信仰である。聖書を信仰の本と言って間違いはない。聖書は明らかに信仰の本である。旧約の預言者ハバククは「義人は信仰によって生きるであろう」（ハバクク二・四）と言ったし、新約の使徒パウロは、この言葉を何回も引用して人生と福音の真理を証しし説明した（ローマ一・一七、ガラテヤ三・一一）。またパウロは、人生は「信仰より信仰に至る」ということを証明した本がすなわち聖書であると指摘し、結論を出している。

それでは人間とは何か？宇宙と万物を造られた全能なる神が、御自分の像（かたち）のとおりに造られ万物を治める神の権限まで代理として行使することを人間に許された、人間はかくも貴く尊厳なる存在である。神と最も近い、そして近くあるべき存在である。人格的に最も近くなり得る方法は互いに「信ずること」である。他の言葉で言えば、「愛する」ことである。信ぜず、愛せずして誰が自分の権利まで放棄することができようか。神はそれほどまでに人間を深く信頼し愛されたのである。

しかし人間は、神に対してどういう態度をとっているか？信頼に対しては不信を、愛に対しては侮辱を。これはどんなに間違っていて、心寒いことか。畏れ多く、不幸なことか。信頼には信頼をもって、愛には愛をもって対すべきであるのに人は、信頼には反逆で、愛には排斥で対して来たのだから。今は嫌いとか好きとか、または利害損得などは問題にもならず、興亡盛衰や生死まで論ずる余地さえなく、力いっぱい信じ愛さねばならない。そうせざるを得ないのである。聖書は結局人間に向かって、神を信ずべきことと、信じさせようとする教えである。そして信じることのできる力を与え、その道へと導く貴重な本である。

聖書を学び、その教えにしたがって神を信じ愛し、従順に正しく強く光り輝く人生を生きることが、即ち『聖書人生』である。そのことを励み証そうとするのが『聖書人生』の目的であり使命である。聖書を人生の中で、人生を聖書によって暮らそうとすること、建てようとすること、これが『聖書人生』であり、その任務であるはずである。『聖書人生』は結局「信仰人生」を主張し目指すのである。『聖書人生』は、人間はただ「聖書、信仰」の人生だけでありうることを深く信じ、そのくらしに励むかたわら、そのことを熱心に証しすることを本分とする神の器であり、キリストの忠実なる僕であるべきである。だから、我々の人生は「聖書人生」にならざるをえない。それゆえ、愛する同胞に、「聖書人生」を生きるようにと勧める次第である。

（一九五五・七、『聖書人生』第二号）

『聖書信仰』を出すに際して

私は若い学生時代に、東京で五人の友人たちと共に『聖書朝鮮』という信仰雑誌を一九二七年に出したことがある。（訳註・第一号の発行所は、東京府豊多摩郡杉並村阿佐ヶ谷となっている）もちろん私が主導したのではない。当時私は年も若かったし、入信してやっと二、三年しかたっていなかったので資格もないし、雑誌などは考えることさえできない者であった。

私がイエスを信じたのは一九二五年で、二十一歳の春である。東京農業大学予科に入学した年であった。内村鑑三先生の集会で聖書を習いはじめた。先生の集会は「教会」と言わずに「内村鑑三聖書研究会」と言った。世間ではこれを「無教会」とか「無教会主義」などと言った。何らの組織も制度も儀式も、その他形式的なものは何もないということで、そのように言ったようである。ただ聖書一巻を手に持って研究し、教え、勉強し、学んだからではないかと思われる。しかしそうすることを内村自身は「礼拝」と呼んだ。讃美歌を歌い祈りをしたからでもあるが、それよりもむしろその態度や心遣いが、ただ信仰によって神だけを相手にしたためなのであろう。いつも四、五百人の会員が集まった。

この会に金教臣、鄭相勳、柳錫東、咸錫憲、揚仁性、私など六人の朝鮮人学生がいた。ところで、伝道誌を出そうという提案をしたのはおそらく柳錫東だったと思うし、この計画は実現し、最初主筆格で編集を担当したのは神学校に通っている鄭相勳であった。皆が帰国して後、数年足らずして金教臣単独の個人誌のようになったけれども、最後まで同人誌の精神は維持されたように思う。

『聖書朝鮮』の創刊号は、一九二七年七月一日に発行された。その後、ほとんど二十年が夢のように流れて行った。六人は各々四方八方に散ってしまった。わが国が解放される数年前（註・一九四二年）にいわゆる「聖書朝鮮事件」が起こり、金教臣をはじめとして同人たちは言うに及ばず、柳永模先生、柳達永兄など、その他多くの人たちが各地で検挙された。読者は勿論のこと、公私を問わずあの六人と関わりのある者は皆捕らわれたのだから、数百名が警察のお世話になったわけである。その中でもより不穏と認められた十三人は、七ケ月目に警察から検察に移された。留置場から刑務所に行ったわけである。同人の中では金、咸、宋の三人だけだったが、柳達永教授とその他思いがけない人たちもいた。

たとえば、その中に宋が関係した梧柳学園の職員一名と、生徒二名が含まれたのは異様なことであった。翌春になり、五ケ月振りで十三人は全員不起訴で釈放された。学園の子たちが解放後に二人とも共産主義に加担するとは誰が考えただろうか。ああ！

『聖書朝鮮』はこの事件を契機としてとうとう廃刊となってしまったが、最後が一五八号であった。ところで不幸にも、金教臣は解放直前、一九四五年四月二十五日に天に召された。あまりにも意外なことであった。一九四二年『聖書朝鮮』を廃刊して興南肥料工場で働いていた時であった。『聖書朝鮮』は金教臣とともに解放直前この世から去ってしまったのである。

私は解放になった翌年、一九四六年一月から、『霊断』という個人誌をはじめた。しかし波乱曲折の多い私の生活は、それを継続させてくれなかった。二十二号で中断になった。梧柳洞から仁川、江華（島）などの地に転々とした後、一九五〇年の春、ソウルの梧柳洞に居を構えて『隠れたくらし』を再刊したが、その年に、ちょうど六・二五事変（訳註・朝鮮戦争）が起きてしまった。私は二号を出して三、四年の歳月を避難生活に費やしてしまった。

私は他人より少し遅れてソウルに帰ってきて、あくる年に素砂に移り、一年を過ごして後、再び梧柳洞に引っ越して、（梧柳洞に来たのはこれで三度目である）その年の六月に『聖書人生』を始めた。それが一九五五年だった。この雑誌は一九六一年に五・一六軍事革命が起きるまで続け五十九号に至ったのだが、正式な登録をしていなかったので、その後発行できなくなり、民政移管の時まで休むことになったのだった（今年に入って六十号を出したけれども）。その間出版に関わる法律が整備されていなかったので、やむをえず第三共和国が樹立されることになるまで待って、一九六四年一月頃に「定期刊行物登録申請書」を公報部に提出したのだが、書類の不備その他の理由で却下された。私の無誠意と不忠実、そして国の状況もおだやかならず、それを言い訳にためらっていた。読者の皆さん、わけても変わらざる間断ないお祈りと愛の贈り物で鞭撻激励して下さっている方を思うとき、さすがの鈍感な私の心もじっとしていられなくて、再び書類を整頓して提出した。数回もの（四、五回）督促の効あってか、去る六月、即ち二十三日付けで登録になり、七月二日に「登録証」が郵送されてきた。

こうなっては好むと好まざるとにかかわらず、上手も下手もなく、雑誌を出さざるをえなくなった。何らの準備も計画もなしに、ペンを執らざるをえない。しかし、どう考え、そして　どの面からしても、私が「雑誌」を執筆するということは柄に合わないことで、その私が執筆するのだから、心苦しく恥ずかしいかぎりであるが、使命というよりは命令と信じて、一切を主にお任せして、書かされるままに、できあがるままに続けるのみである。しかし力いっぱい、精いっぱい、否、それよりも聖霊の指示とお導きにしたがって、ただ信仰のみによって、書くことの許される日まで、換言すれば書ける日まで続けるつもりである。しかし公報部当局では、続刊や復刊などは許可も認めもしないということであった（何回も当たってみたが）。だからといって『聖書人生』を再び創刊号とか第一号とか言って発行するのはおかしいので、『聖書信仰』と名前を付けることにした。

その理由は、私は信じはじめてから、ただひたすらに信仰を考え、語り、暮らしたい心で胸がいっぱいになり、いつか単純に「信仰」という題目で雑誌を書きたかったので、これを機会に『聖書信仰』としたのである。「信仰」はキリスト教の独占物や専売特許品でないので、キリスト教の信仰即ち『聖書信仰』とした。始めも終わりも、いつどこで何に関わっても、信仰だけを考え、語り、暮すのみである。「信仰より信仰へ！」が標語であり、座右銘なのだから。

（一九六四・七、『聖書信仰』第一号）

第百号を出すにあたって

一九四六年初めに、『霊断』という聖書の雑誌を始めたのだから、今年で最早二十年になる。忠実に継続したならば、勿論二百号をはるかに越したはずなのに、やっと百号とはなにごとか？

元々、私は雑誌を執筆できるような者ではない。だから何度もやめてしまおうとしたし、側で見るに忍びないのか、妻もやめるようにと何度も勧めたことがある。それが今になっては私も妻も、上手下手が問題でなくて、ただ、なすべきことをやっているのだという気持ちと態度になってしまった。それにはどうしても雑誌の発行が私個人のこと、即ち人間のことではないという考えがあるからかも知れない。でなければ、できる時まではやらざるをえないという諦めが徹底したためか、それもわからないことである。

顧みれば、私の一生はあまりにも私の意向や願いとはほど遠いものであった。元々私にはイエスを信じる考えなど夢にもなかった。ましてやキリスト教の伝道者になるということはとんでもない話であり、そんな私がキリスト教の信者になったからといってどうして信仰雑誌などを出すことができようか。そのせいか、雑誌発行について熱意も誠意も持たなかったので、こんなみすぼらしい物になってしまった。まったく恥ずかしいかぎりである。その一方、われ知らず人間を相手にし、良いものを作ろうという考えが前をふさいで、雑誌作りにどれだけ妨げになったかしれない。実は生活全体がそんな調子なのだから、信仰など入る余地もないのではないか。

しかし、今になってやっと、信仰生活とは自分が自分の力や知恵でできるものではないし、またそうしてはいけないということ、その理由として、信仰とは自分が生きるのではないということが明らかになった。もちろん、言葉や考えではずっと以前から知らなくはなかったのだが、実生活とは全くかけ離れたものでしかなかった。

信仰生活とはこの世がどうなろうが、誰が何と言おうが、自分自身の中にどんな考えが起きていようが、そんなことは少しも問題にせず、ただ万事を信仰のみによって行うことを意味する。自分は思い煩いも心配もすることはない。自分自身の満足や不満など問題でなく、信仰か不信か、従順か反逆か、それだけが問題である。それは自分も他人も、人間が干渉すべき問題ではなく、また干渉できることでもない。そういうわけだから、私は神様に許される日まで、黙々と倦むことなく、そのことを行うしかないのではないか。結局信仰のことを不信仰でしたのだから、できるはずがないのだ。二十年も続けてやっと百号を出すということは、明らかに神に対してはご迷惑であり悲しみを与えてしまうはずなのだが、私にとってはそれだけでもむしろ恩恵であり光栄であらざるをえない。感謝あるのみである。

『霊断』二十二号、『隠れたくらし』二号、『聖書人生』六十号、『聖書信仰』十六号、このようにしてやっと百号なのだから、狭くて険しい道を歩んできたわけである。

おお！　主よ、これからは自分も他人も顧（かえり）みず、勇敢で堂々と信仰のみの信仰の道を一路邁進できますよう、いつも聖霊の感化と感動を下し給えと祈るのみである。

（一九六六・一、『聖書信仰』第一六号、通巻一〇〇号）

『聖書信愛』を出すに際して

『聖書信仰』第二十六号の発刊が遅れたので、二十七号は早く出したいと考えて準備中だったところが二月七日、思いもよらず公報部から「定期刊行物登録取り消し」という公文書が来たので、大変驚いた。理由を調べてみたら、発行部数が少ないからだという。続けたい考えがあれば異議申立書を出すか、または新規で再び「登録申請」をするようにというのである。異議申立書を出せば判定までは数ヵ月を要するし、再登録申請の場合はまず雑誌の名前を新しく決めなければならないし、かなりの費用がかかるというのだから、大変困ってしまった。どうすればよいやら面食らってしまったのである。

はじめは周りから勧められたこともあって、異議申立書を出そうかと思ったが、そうすれば所要の歳月もさることながら、お役所の出版課が新規申請を望んでいる様子もあって、思案のあげく「登録申請書」を公報部に提出することにした。大変恨めしくもあったけれども。

異議申立書を出す場合は別に費用は必要ない。しかし、私が勝訴したら出版課の職員の立場が苦しくなるだろうし、もしも敗訴したら、今度は私の方が顔をつぶされたことになる。そればかりでなく、たとえ私の方に全く過失がなくて、相手の事務錯誤という判定になった場合、私が忍耐して赦すのが私の取るべき態度であるし、まして、たとえ小さくとも私の方に咎が少しでもあるとすれば、その結果いくら苦痛と難儀で損害が発生しても、お役所の要求に応ずるのが私の取るべき道だと考えていたので、新規の申請をしたのである。

ところが予想に外れて手続きは大変複雑で、かなりの費用と歳月がかかるのが現実であった。書類はおおよそ二十種類にもなるし、公報部に出すお金だけでも一万ウォン（訳註・当時の一般公務員の平均給与の手取り額に相当する）で、代書費、交通費、その他の雑費用などを合わせると、さらにそれくらいが追加され、時間の方は「取り消し」通知を受けてから再び「登録証」をもらう日までで八十日もかかってしまった。私が手続きするのに三十五日、お役所での書類審査に四十五日を要したのである。

その間、今度のことで直接お世話になった方だけでも、柳達永、盧平久、孫錫祀、そして鄭泰時、丁斗永、朴允圭兄等々と、中央庁に勤めている李君（柳兄の義理の息子）等々。特に調達庁のある事務官のご苦労は甚大であった。李徳鳳先生にまでお世話になって、大変恐縮であった。その他にもご心配をおかけした方たちは一、二人ではない。しかし、とにかく雑誌の発行は取り戻すことができた。取り消された誌名は再使用できないことになっているので、仕方なく今度は『聖書信愛』と呼ぶことにした。この度私が骨身にしみて実感したのは、「蛇のように賢くあれ」というイエス様のお言葉である。それは「鳩のように素直」でもない私ではあるが、なぜこんなにも愚鈍なのか、もう少し賢くあれ、ということだった。ああ！　しかし、人の知恵よりは神の恩恵であることをより深く学んだことだった。

（一九六七・五、『聖書信愛』第一号、通巻一一一号）

『聖書信愛』の足あと

解放の翌年、一九四六年一月に初めて伝道のため、個人誌を始めた。『霊断』という雑誌なのだが、二十二号で終刊になってしまった。一九五〇年初春に『隠れたくらし』をあらたに始めてやっと二号を出したら、六・二五の動乱が起きて、混乱のはずみでまたやめてしまった。一九五五年六月から、『聖書人生』という誌名で三番目の雑誌を始めた。自由党の時代だったので、比較的に自由であったが、しかし不正と腐敗が甚だしかった。何でも賄賂がなければ通らない時代だったので、私はそれが嫌で、結局登録しないまま続けるうちに六十号に至った。

ところが、一九六〇年三月十五日不正選挙のため、自由党政権は四・一九革命（訳註・一九六〇年四月一九日に起こった李承晩政権を打倒した学生革命のこと）によって遂に倒れてしまった。後を受けた民主党政権はゴタゴタの中で、一年足らずで五・一六の軍事革命（訳註・一九六一年五月十六日に起こった朴正熙を中心とする軍事クーデター）によって姿を消したのである。民主党時代には雨後の荀のように、猫も杓子もかなりの登録が可能であったようだが、なぜかそういう気にもなれなくてそのまま雑誌を続けた。しかし、軍事政権になるや、民主党時代に登録したものは全部取り消しに遭ったばかりでなく、新しい登録申請は全然受け付けないだけでなく、登録無しには出来ないという破目に陥ってしまった。

私は雑誌を続けようとして万策を講じたが、みな空しく駄目であった。そうして一九六三年、民政になった後にもしばらくは登録申請を取り扱わなかったが、一九六四年六月になってやっと「ら・二六九号」で登録になり、こんどは『聖書信仰』という誌名で発刊した。このようにして『聖書信仰』は順調に続けられるものと思い安心していたところ、今年一月号（二十六号）を二月初めに発行し、二月号（二十七号）を急いでいる中に、今度は測らずも公報部から「登録取り消し」の通告がきたのである。初めから計算すれば百十号を出したわけになる。

二十年以上、よろめきの足取りながらも険しい道を歩んできた。しかし、不満不平を言うことは何もない。全てが私の鈍重で怠惰なせいであり、無誠意の結果なのだから、ただ恥ずかしくて苦しく、悲しいだけである。こうなったら理由の如何にかかわらず、雑誌から手を引かねばならないだろう。なのに、どうしてまた続けようとするのか、また、今後何号まで出すことになるのか、私自身分からないことである。しかしとにかく、一九六七年四月二十一日付けで『聖書信愛』という題号の申請書類が登録完了になり、番号は「ら・八八二号」である。こうなった以上、今になって言うべきことは何もない。

なぜか分からないが、雑誌を再発行する場合は誌名を必ず変えねばならないことになっている。ところが率直に告白すれば、『霊断』は米軍政時代の一九四六年に正式に登録したものである。しかし、それは二十二号で充分という考えがあったし、ある事情で中断したまま数年過ぎたら、何となく静かに『隠れたくらし』を発行したい気持ちになってきたし、しなければならないという義務感もあったのだが、六・二五（註・朝鮮戦争）を経験してからはもっと原理的で積極的にならなくてはとの思いがあって、『聖書人生』を始めた。こうしてみると、その深い意味は分からないが『霊断』、『隠れたくらし』、『聖書人生』という題号は、いかにも順を追って成長し発展したとも言えようか。しかし、その後に発行した『聖書信仰』、それよりも『聖書信愛』は、当局の命令でしかたなしに変えた名前である。勿論、そのつど私なりに沈思熟考したのは事実である。ところで『聖書人生』は一九六一年に起こった五・一六革命の犠牲になってしまったし、『聖書信仰』は私の手落ちによって、一九六七年に発行停止となったわけである。『聖書人生』は範囲があまりにも広くて大きいので、漠然とした感じもあり、誌名を『聖書信仰』としたのだった。聖書は信仰中心であり、キリスト教は信仰の宗教だからである。

　実はこの度誌名が変わったことに対して、「『聖書信仰』の方が大変良かったのですが……」と、残念の意を表明した兄弟も何人かいるくらいである。しかし、役所の手続き上どうしても他の名前を使わないといけないので、考えたあげく『聖書信愛』としたのだが、やはり『聖書信仰』よりは劣るような気がする。しかし、どうしようもないことである。しかし一方、新しい名付けには必ずしも理由がないわけではない。聖書の中心は二つである。信仰と愛とがそれである。勿論聖書は信仰、希望、愛の三つの徳を教えている。ここで、希望は信仰と愛をつなぐ橋の役割をするものである。だからといって、希望が不必要だというのでは決してない。

ただ信仰と愛がより貴重だという趣旨であり、また、信仰と愛があれば、必ず希望はそこに従うことになる。そこで信仰と希望と愛はいつも同行するのである。ところで信仰は下（地、人）から上（天、神）を仰ぎ見て昇っていくものであり、愛はそれとは逆に上から下に向かって下ってくる。

だから神は人を愛される。神は愛であられるからである。したがって人は愛なる神を、そして神の愛を信じなければならない。実際、その信じる信仰さえも神の贈り物ではあるのだけれども（エペソ二・八）。

だから、人はただ単に信ずることだけに終わってはいけない。「わたしがあなたがたを愛したように、あなたがたも互いに愛し合いなさい」（ヨハネ一三・三四）とイエス様が言われたとおり、神は人々が互いに愛することを願っておられるばかりでなく、また、それを命じられてもおられるからである。「神がこのようにわたしたちを愛して下さったのだから、わたしたちもお互いに愛し合うべきである」（ヨハネ四・一一）とヨハネ書の記者も言ったように、我々は如何なる意味においても、必ずお互いに愛さねばならない。

しかし不幸にも、人間にはその貴重でしかも必要な愛がない。全くない。だから人間はまず、愛なる神の至大至高の愛を頂かなければならない。そして、神の愛を頂くことが結局は神を信ずることになる。だから人間は神を信じなければならない。精一杯信じなければならず、最後まで信じなければならない。そして信仰が真で正しいならば、神の愛が溢れ流れることになる（ヨハネ福音書四・一四）。またその愛は決して積んでおいたり、ましてや隠しておいてはいけない。もちろんそうすることもできるが、もしもそうする場合には、あたかも道具は使わないと錆がつくように、愛も汲みださないと変質するに決まっている。事実、泉の水は器に満たされたら、必ず溢れることになっている。そのように、まことの愛、生きた愛は、時が満ちたら、当然隣人に伝えずにはいられなくなる。これが神の愛の特徴である。

私はもともと愚か者なので、今日に至るまで、まず神の愛を頂くこと、即ち、信ずることだけに力を注いできたのだった（勿論これも全然だめなのだが、それでも自分なりには）。しかし、何でも貴いものには偽ものが多いのが世の常である。その意味でも、私は愛に対して（信仰もそうだが）いつも消極的で、また慎んできたつもりである。いわば偽の愛を防止するためである。（信仰も然りである）。ところでこの度全く思いがけない『聖書信仰』の「登録取り消し」に出くわし、とうてい望みもできなかった『聖書信愛』を発刊することになったのである。知らないなりに、ちょうど刈り入れ時がだんだん近づくや、私ごときまだ熟さぬ者までも、取り入れようとする思し召しで、信仰の上に愛を加えるように配慮されたのではないかと考えられ、そのように信じられる。すでに述べたように、聖書の中心は、即ち救いの中心は、信仰と愛である。だからいくら『聖書信仰』の方がよくて、また必要だとしても、結局は『聖書信愛』でなければならないという啓示なのかも知れない。

最後に、キリスト教は十字架教である。信仰を縦棒にした上に愛を横棒にした十字架がまさにキリスト教なのである。上へ神に向かった信仰と横棒は隣りに対する愛を意味するのである。したがって神を信じ人を愛すること、これが即ち信仰生活、否、人生の全てなのである。

（一九六七・五、『聖書信愛』第一号、通巻一一一号）

雑誌の発刊に対して

私の雑誌執筆の動機

私は二十一歳になる年の初春に、重症の神経衰弱でひどく呻吟したことがあった。神経衰弱とは難病に属する病気の一つではないかと思う。

神経衰弱症は文字どおり神経が衰弱してくる病気なのだから、一、二日でなる病気ではないと思っている。私の場合も五年、十年、あるいは、それよりもずっと以前から病気になり（神経が衰弱してき）始めていたのだろうと思われる。

それが、二十一歳になった年に爆発したのではなかろうか。そうして、とにかく病気がひどかったので、医者が「重症」という言葉を使ったのだと思う。そういうわけか、医者から「三年以上静かな所で治療を受けながら静養し、修養するように」、との勧告を受けた。これは若者にとっては死刑宣告にも等しいものだった。私は自暴自棄になってしまった。

ところがこのことが転機となり、私が予想だにしなかった、否、夢にも思わなかった方向へと、人生の道を歩むことになった。それは、私がイエスを信じるようになったことであった。そこで私は無条件で信じたのであり、信じざるをえなかったのである。実は私が信じたのでなくて、ある力が、ある霊的力が私をして強制的に信じさせたのだった。私はわけも分からず、突然、追い込まれ引っ張られて信じることになったのだ。これが一九二五年の春のことだった。まことに夢のようなことであった。

当時私は身体が最も衰弱していたのだが、そんな身体で日本に渡航することになった。これもやはり考えもしなかった事であった。急にできたことであった。

そして、気がついたら病気は洗い流されたように けろっと治ってしまい、ある大学の予科に入学したのである。どんなに嬉しかったか、否、幸せなことであったか、私はただ感激するのみであった。しかし、それよりもその年の五月頃、私は初めて内村鑑三の聖書研究会に出席することになったのである。(私はこの集会を教会だと思って、教会と呼んだのである)。私なりにこのときから本格的にイエスを信じる事になったのである。即ちイエス屋になったのである。当時私は流れゆく歳月への感覚すら全然なく、無我夢中になって、全てのことに感謝したし、ただ幸福感に満ちているだけだった。そうするうちに二年の歳月が流れた。

一九二七年の春の事である。内村集会に出ている朝鮮の学生六人は、我々の言葉で聖書の研究をしていたのだが、その中の誰かが「我々は結局朝鮮人であり、また朝鮮で暮らすはずだから、朝鮮で同胞たちに伝道する義務があるのではないか。だから、学生時代から雑誌でも出して文書伝道を始めたらどうか?」と言った。残りの五人は無条件で賛成した。当時の六人は決して別々の六人ではなくて一人のようなものだったので、どんなことでも無条件の合意であり、無条件での行動一致だったのである。自分の意志や個人意識などはありえなかったし、事実なかったように思う。だから、私もどんなことでもついて行ったし、導かれて行くだけだった。当時、私は英語、ドイツ語、ギリシャ語などは何も知らなかったし、考えてみると実は何よりもキリスト教を知らず、したがって信仰も知らない有様だった。そんな自分が何をすることができよう。しかしそんな状態でありながらも、何か、自分も何者かでもあるように、聖書研究会に欠席などせず一生懸命になっていたのだから、今考えてみれば、おかしいというよりは、驚きであった。

ところで、事実、当時は私自身が信仰的使命に生きていたのでもなければ、重要な役割をしたということでも決してなかったことを、今も不思議に思っている。そのようにして、その年の七月に東京の豊多摩郡杉並町阿佐ヶ谷で『聖書朝鮮』創刊号を発刊したのである。そして、私は「人類の救援は何処より？」（註・本双書八巻二一頁参照）という題で、この世に生まれて、しかも、キリスト教について初めて文章を書いたのである。これが私が雑誌に文を書くことになった動機であり、初めであり、かつ出発点になったのである。しかし『聖書朝鮮』はその後、金教臣の個人誌になり、彼単独の努力によって一五八号まで続けられ、それで締めくくりをしたのである。それは一九四二年の春のことだった。

時は日本帝国主義の末期であり、第二次世界大戦（大東亜、または太平洋戦争）がたけなわだった時代で、キリスト教に対する弾圧が酷かった頃である。その年の三月末に、金教臣が汽車の中で逮捕されたのをはじめとして、五月には咸錫憲と私が検挙されたし、その後を追って、鄭相勲、柳錫東、楊仁性なども拘束されたが、金、咸、宋だけ警察署（訳註・留置場）から検察庁（訳註・刑務所、当時は監獄）に移監され、他の人たちはすぐ釈放されるか、または別の事で獄に繋がれた人もいた。（当時は柳永模先生と朴晶水先生、李賛甲兄なども一緒に拘束され、留置場で釈放された。柳達永兄は西大門監獄まで我々と行を共にされた）。このため、『聖書朝鮮』は作ることもできなかったが、その後再刊できないように廃刊処分を受けて、せっかく朝鮮で初めて刊行された無教会の伝道雑誌だった『聖書朝鮮』は、終止符を打ってしまったのであった。『聖書朝鮮』は殉教したのである。

そして金教臣は一九四五年四月二十五日に、近づいていた解放（訳註・一九四五年八月十五日、日本の敗戦をこのようによぶ）を見ることができず、病気のため惜しくも召されて彼の救い主なるキリストのそばに行ってしまったのである。ああ！　金教臣は彼の使命を完遂したのではないか。そうだ、金教臣こそは明らかに殉教者である。彼は預言者でもあったが、韓国で、特に無教会の陣営における文書伝道の開拓者であった。

ああ！　金教臣と『聖書朝鮮』は韓国キリスト教界の先駆者であり、改革者なのである。

（一九六七・四、『聖書信愛』、通巻一一六号）

第二百号を出しながら

日本帝国主義の末期（一九四二年三月）、朝鮮では唯一の聖書雑誌『聖書朝鮮』が廃刊されたことだけでも憤懣やる方なきことなのに、一九四五年四月二十五日に金教臣兄もこの世を去ってしまったのだから、世の中すべてが空虚で寂しい気持ちにさらされた。

ところが、金兄が去ったその年の八月十五日に解放になったのだから、私の残念な気持ちはなおさら筆舌に尽くし難いものがあった。私は、われ知らず大きな打撃と衝撃を受けたようだった。それは言うまでもなく、唯一の友であった金教臣兄が若くして世を去ってしまったことが惜しくて恨めしいかぎりであった面もあるが、それに劣らず、韓国の霊界が光を失ったように思えて寂しさを感じざるをえなかったのである。

解放によって世の中が限りなく騒々しかった当時、私は、はからずも梧柳洞地区の自治会長に指名されたのだが、一体世の中がどのようになり行くのか見当がつかなかった。今までは「要注意」人物になっていて人々が白眼視していた私を、にわかに梧柳洞では最高の地位に座らせてくれたのだから、面食らうだけだった。私は数ヵ月間、我を忘れて奔走している間に、初等学校の再建、幼稚園の設立、特に、日本人たちを保護することなどに、ありったけの力をそそぎ尽くした。

無政府状態の当時のことだから規制もゆるく、学校や幼稚園を建てることはむしろ易しかった。ほとんど無きに等しい官庁を相手にしたので、大きな過誤さえなければ全てのことが順調に進んだといっても過言ではなかった。しかし問題は人々の精神を収拾することである。とりわけ若人たちを治めることは、私には力に余ることであった。そうする中で、特に日本人たちを保護することは本当に難しい仕事であった。興奮した民衆たちは無条件に日本人を排斥し、迫害することによって、気の晴れるまで報復しようとする気持ちだったからである。

それだけではない。いつどこでどのように生まれたのかも分らない共産党が立ち上がって、それこそ耐えられないほどしつこく問題を起こすのだから、それと対抗するのは本当に大変であった。しかし私はそのような中で七、八ケ月の間、それこそ我を忘れて東奔西走したあげく、人心が落ちついていくように感じられた。しかし、実はみんなの心はほとんど日本人たちが持っていた家、土地、その他一切の財産に注がれたのではないか。私はそれとも知らず、もう私の任務は終わったような気がして、そっと自治会長の椅子を辞退してしまったのだった。

実は一般民衆も私に対してそろそろ飽きてきたよ

うな気配だった。それは私の無能を衝く心の現れだった。日本人たちと共産主義者たちに対して寛大に過ぎるという評判が利いたのだった。一般の人々の願いは、仇の日本人に対してあまりに同情的だとか、共産主義者たちに慈悲を与えるなどはもっての外だと思われていたし、何はともあれ、悪いことをした者に対してはその何倍もの仕返しをするべきだというのである。昔の言葉のように「熱を以って熱を治める」（以熱治熱）でなければならないということである。

しかし、私はあの時こそ初めて仇とは何であり、また仇にどう報いるべきかを多少は思い悟る機会だったように思っている。なぜならば、当時私は大きな誘惑に陥りかねなかったからである。後で分かったことだけれども、もしも私が人気上昇の機に乗じて一般の要求に応じたならば、今頃は富貴栄華の暮らしをして人々の尊敬と待遇を受けたかも知れないからである。

ところで私は思うところがあって、解放の翌年、即ち一九四六年一月から初めて『霊断』という小さい信仰雑誌を一人で始めた。私なりには、電灯が消えたから灯火でも点してみようという心構えで福音を伝えようという野心であったが、実際は名ばかりに過ぎないことを悟って大変畏れたが、「人々が黙っているから石（にも満たない私であるが）でも叫ぶ」（ルカ一九・四〇）ことをせざるをえなかった。

そうしながらも、私は誘惑が恐ろしく苦しくさえあって、結局、私は梧柳洞を離れて、その後何年かあちこち（訳註・仁川と江華など）を彷徨い歩いたのはそのためだった。そういうわけだから、わが生活が安定するはずがないのは事実だった。そうしながらも考え、私はただ誘惑を払いのけ試練を免れたことだけを幸いに思わざるをえないと考える次第である。私は大いなる悪と不義に打ち勝つため、多少の副作用を免れえなかったことを後になって悟り驚かざるをえなかった。

私は梧柳洞を離れてから『霊断』の発行を中断した。そして仁川と江華島で何年かを過ごしてから、今度は一九五〇年はソウルに居を構え、そのまま『霊断』はおしまいになったのである。時は一九五〇年春、今度は『隠れたくらし』を発行したが、二号しか出していない時点で、六・二五動乱（註・朝鮮戦争のこと）が起きた。避難に追われて『隠れたくらし』の発行はできなくなった。

徳積島をはじめとして、群山、釜山、金海などの地へと移りながら、避難生活を続けていて、九・二八収復（訳註・一九五〇年朝鮮戦争の時、釜山に避難していた李承晩政府が国連軍の介入により、北朝鮮の支配下にあったソウルを奪還したこと）後に素砂を経て、再び梧柳洞に帰ってきて一九五九年に『聖書人生』を本格的に刊行して、伝道生活に入ったのであった。しかし、四・一九の学生革命を経て五・一六軍事革命を経験する間、環境の変化にしたがって意志の弱い私は、多くの変動を免れることができなかった。自由党時代を過ぎて民主共和党時代に入りながら、私の雑誌も『聖書人生』から『聖書信仰』を経て、一九六七年『聖書信愛』に至ったのである。雑誌の名が変わる度毎に、私自身にも何がしかの変化があったのは事実であった。

しかし、今これらの全てのことを顧みて考えれば、本当に感慨深いが、ここで語る余裕や必要がないのでやめることにし、とにかく、いつの間にか解放後三十年が経ったのだから、私の雑誌は名称は変わったが、ほとんど三十年間継続したことになる。ところで、今になって二百号だと考えれば、ただ頭を垂れるのみである。なぜなら、もしも今まで休みなく月刊誌を出したとすれば、三百号を超したはずだからである。実は三分の二にもならないのだから、心細いかぎりと言わねばならない。それも、最近は主筆とは名ばかりで、いくらそれ相応の理由があるとしても、決して私の心は安らかではありえないが、万難を排して、とにかく『聖書信愛』が二百号に至ったことだけは心から感謝せざるをえず、頭を垂れるだけである。

聖書の中では「罪の増し加わったところに恵みもますます満ちあふれた」（ローマ五・二〇）と使徒パウロは告白しているが、この言葉（事実）は矛盾のように見えて決して矛盾ではない。どうして根拠のない偽りをなそうか。私は明らかに誰よりも劣り愚かという程度でなく、文字どおり罪人（それも罪人の頭）であるのをいかにせん。しかし、私の信仰生活五十年でやっと、大変大きな真理を学び悟らされたことだけでも、私には至高の恩恵であり幸福であると信じて、主の前に深く深く頭を垂れて賛美を捧げる次第である。

もちろん、このことは人生においてことごとく霊的精神的なものだけを主にし、肉的、物質的、量的なことは全く無視または否定せねばならないということでは決してない。しかし、どうしても肉よりは霊を、物質よりは精神を、量（かさ）よりは質（基調）を先に考え、より貴ばねばならないのは当然だと言いたいのである。そして、見えるものよりは見えないものが、より完全で永遠であるということも推量できることである。我々は永遠なる存在者、否、生存者にしてその方こそはずばり万有の創造者、統治者、ひいては救援者なるをどうして否定したり信じなかったり、依り頼まないでいられようか。そこで、何はともあれ、主イエスの名を賛美し、その栄光を誇ろうとする（すごく小さな誇りであるが）『聖書信愛』二〇〇号を、読者諸氏と共に感謝の気持ちをもって悪の世に向かって送り出す次第である。

（一九七五・四、『聖書信愛』、通巻二〇〇号）

『聖書信愛』第二百五十号

私は一九二二年、勉強のため日本に行っていた。しかし、あくる年の九月一日に関東大地震が起きて東京が全滅してしまった。しかし、私は九死に一生を得て生き延びたが、日本留学を断念した。ところが一九二五年の春、私にはあまりにも意外で驚くべき大変化が起きた。今まで夢にも思わなかったイエスを信じたいという考えが、私の心の中に火のように燃え上がり、抑えきれなくて、突然、信仰を学ぶために内村鑑三先生を訪ねて日本に行った。彼の集会に私の友人が通っていたためであった。

内村聖書研究会には金教臣、咸錫憲、鄭相勲、楊仁性、柳錫東などの韓国人会員が出席していて、私が入会したら韓国人は皆で六人になった。ある日、六人が集会後に集まり、我々同士で韓国語で聖書を勉強し始めた。結局はそれが契機になって、一九二七年には『聖書朝鮮』を同人誌として発行することになった。その後、五人は学業を終えて帰国したが、私は東京農業大学を中途退学して帰ってきたのである。帰国して各自就職したが、私は梧柳洞で農業を始めながら、一方家庭集会も始めることになった。

数年過ごすうちに、咸錫憲、金教臣、宋斗用だけが残り、その後、『聖書朝鮮』は金教臣が責任を負って継続したが、日帝末期の一九四二年に廃刊され、雑誌と関連のある者たちは、読者まで残こらず、全国で数百名が検挙された。結局は金教臣、咸錫憲、宋斗用、柳達永など十三人だけが刑務所まで入ってきた。翌年三月に釈放され、一九四五年八月十五日に祖国は解放になったが、惜しくもその年の四月二十五日に金教臣はにわかに天に召されたのだ。ああ！

私は解放の翌年に個人雑誌を始めたが、その後いかなる事情があったとしても、三十三年が過ぎた今日やっと通算して第二百五十号だとは、発行できず休刊の月があまりにも多く弁明の余地がない。しかし、それさえも主の恩恵がなかったならばどうしてありえただろうか。ただ、感謝あるのみである。

『聖書信愛』は無教会の看板を掲げず、もちろん無教会を自慢もしなかったが、だからといって無教会でないとは言えないと思う。

一体、無教会主義とは何か？ 分かりやすく言って、形式よりは精神を、外側よりは心をより重視する主張である。決して教会に反対するとか、ましてや破壊しようとは毛頭考えず、むしろ、偽の教会を真正の教会にしようというのである。人本主義を神本主義の教会にしようというのである。主イエスの十字架の贖罪だけを信じるべきだという主張である。だから誰が何と言おうと、どう見ようと問題ではなく、ただイエスをキリストであり、神の子として信じ従おうというのが、『聖書信愛』第二五〇号の希望であり、祈願である。

（一九七九・七『聖書信愛』、第二五〇号）

『聖書信愛』に寄せて

私はこの前、「お別れの言葉」を書いた。ところが今度は編集人が『聖書信愛』を終刊にし、新しく別の雑誌を出す計画なので、最後の所感を書いて欲しいとのことなので、ペンを執った。

私は学窓時代、東京で六人の同志が伝道を目的で『聖書朝鮮』を始めた一九二七年に、初めて同誌に寄稿し始めた。それは信仰に入って三年目のことであった。

ちょうど当時は日本帝国主義の末期に当たっていて、妨害が多く、弾圧が酷かった。一九四二年にとうとう『聖書朝鮮』は廃刊させられ、金教臣をはじめとして咸錫憲、宋斗用、柳達永など十三人が入獄の苦痛をなめたことさえあった。

私は祖国解放の翌年（一九四六年）の春に、『霊断』という雑誌で文書伝道を始めた。これは二番目に出た韓国の無教会雑誌で、その後三十年以上の間の変遷の後にやっと『聖書信愛』という誌名で落ち着いた。その後はからずも私が長峰島に行くことになったので、私は廃刊しようとしたが、李璿求兄弟が一切の責任を受け持つことになった。ところが私は一九七六年に倒れた後、四年間続けて毎年数ケ月ずつ病床にあり、昨年はほとんど一年間を床に就いていたままであった。

そこで今年は、初めから一切のことより手を引くことにしたのである。そのこともあってか、今度は今まで編集にだけ意を注いでいた李兄弟が、その覚悟の程は知れないけれども、今後雑誌は自分が一切の責任を引き受けて、いっそのこと雑誌も新しく始めたいと申し出たのだから、有り難く歓迎すべきことではないか。神の御意は測り知れないことを感ずる。

こんどこそは、李瑨求が初めて本当の意味で完全に独立した形で文書伝道へと踏み切ったのだから、どんなに嬉しくて有り難かったかしれない。本当にお祝いする次第である。しかしながら、決してこれは孤立だとは考えない。堂々とした出発を喜ぶ次第である。

大体において、我々は独立と孤立を混同しがちで、できることなら他人に依存しようとする傾向よりは、頑固な根性を持って事に処しようとする。しかし考えてみれば、根性というものほど悪い、というよりは汚いものはない。例えば俗に謂う「忠清道（註・韓国中部の忠清南・北道のことで両班の多い地域）根性」、「両班根性」（訳註・内実を伴わず、気位だけが高い心性を指す）などもその一つである。

ああ！　思うに私は「忠清道根性」、それよりもいわゆる「両班根性」丸出しの人間である。少なくとも私がキリスト者であるならば、この恐ろしい根性から脱皮せねばならないのではないか。忠清道根性、わけても両班根性なるものは、ジェントルなものと一応はなっているが、しかし、結局は鷹揚（おうよう）にみえて、実はふにゃふにゃで物事に対して態度がはっきりしていない。その根性を捨てるべきだ。

そうだ、私がキリスト者であるならば、何事にも態度をはっきりして鮮明でなければならないはずだ。いつまでも主筆云々しながら曖昧な態度でいるのは、弁明の余地なく恥じるべきことである。

キリスト教は「十字架教」だと内村先生は言われたが、結局独立教という意味なのである。キリスト教はユダヤ教から独立したし、プロテスタントはカトリックから独立したし、無教会は教会から独立した。したがって、無教会信者は一人一人が独立しなければ決して無教会とは言えないのである。独立のみが、無教会信仰をして真に生きた信仰として守らしめるからである。無教会信仰は独立の上に立っているからである。それゆえ、独立なしに無教会信仰はありえない。もしも信仰に妨げになるとか、弱化されかねない場合には、躊躇なく断ち切って独立する勇気がなければ、いっそのこと無教会信仰を口にすることすら資格が全くないのだ。

無教会信仰を最初に主張した内村は、若くして「わたしの前に信仰と真理をおいて両者択一せよというならば、私ははばからず真理を選ぶであろう」と言ったという。その理由は「イエスは真理であらせられる」からである（ヨハネ一四・六）。

真理と独立は二つでなく一つである。彼が「青年は老人より独立し、老人は青年から独立せよ」と言ったのは、その理由である。これがまさに内村の偉大な点ではなかろうか。なぜならば独立なしに真の信仰、生きた信仰を持つことはできないからである。

しかし、無教会信仰即独立信仰は心を合わせて協力してはいけないとか、協力できないとかいう意味では決してない。要は妥協や形式や偽りはありえないということである。

そのような意味で、李瑨求と宋斗用は断じて打算や人間的な考えからではなくて、神の御意に対する善意の合意により、宋斗用の退場と李瑨求の登場が成就されたと信じ、心からなる喜びと感謝の気持ちで、最後の文を書く次第である。神と主に栄光を帰して、この文を結ぶ。

（一九八〇・三、『聖書信愛』、第二五六号）

第二部　人物

金教臣と韓国の無教会

私は今、金教臣について語ろうと思うのだが、その場合、金教臣本人の信仰と思想などの内面をお話しするよりも、私が彼に接して知っている外面的なことを語ろうと思う。

私は一九二五年の春に病床にあって、急に信じたい、いや信じなければという考えが起きて、日本の内村鑑三の聖書研究会に出席しようと思い立ち、突然東京へ渡航したのだった。当時も韓国には（当時は朝鮮と言った）すでにキリスト教はあったし、京城（現在のソウル）には教会が多数あった。それにもかかわらず、当時の私はそういうことに対しては何も知らず、数年前に私が東京へ留学した時、中学（今の高校）の先輩であるRの案内で何回か出席したことがあった内村の集会を記憶していたせいか、そのことが思い出されてのことだった。

私は三月初めに東京へ行き、四月からは東京農業大学に入学して勉強したけれども、内村聖書研究会には五月になってから通うことになった。

当時内村は、市外の柏木に住んでいた（今はもちろん市内になっているけれども）。そうしてお住まいの構内にある今井館講堂で集会をしておられた。この講堂は今井という人が世を去るや、故人の遺族たちがその人を記念するため、先生がお使いになれるようにと建ててさしあげたものである。

ところで、その集会は一般の教会とは違って、いつ誰でも行けるものではなく、必ず事前に先生の許可を受けなければならず、それも既に出席している会員の紹介がなければならなかった。また会員はそれ相応の会費を払うようになっていた。おそらくこういったことは、教会の人たちが知ったら驚くというよりは、むしろ悪口を言うか、あるいは非難するかもしれない。しかし、そのようにしたので集会は常に秩序を保ち雰囲気は緊張しており、その当然の結果として、会員たちは自主性と独立精神と責任感が強かった。

それゆえ、集会に通いながらそのような教育を受けた人たちは、誰が強要するとか文句をつけるからではなくて、知らないうちに自制心が生まれ、全ての事に真摯で一挙一動が慎重にならざるを得なかった。その集会のもう一つの特徴は、先に着いた人は前列から順番に椅子に坐ることだった。それ故遅れた人は後の方に坐るか、席がなければ立つしかなかった。定刻になると、特に開会の祈禱の時には必ず出入りの門を閉めてしまった。祈禱が終わった後に入ってくる人がたまにはあったけれども、そのまま帰っていく人もいた。それは他人に迷惑をかけまいとしたことも事実だろうけれども、それ以上に、遅刻したことを恥じて顔を上げられないという自責感の方がより大きな理由であったのである。

次に集会が終わると、前列から退場した。だから遅れた人は後で出ていくのがつねであった。それで挨拶や雑談などはする機会もなければ、そういったことは、元々それを願うか考える人さえもいるようには思えなかった。なぜならば、そこに集まったのは、礼拝即ち神の御言葉である聖書の真理を学んで神の御心に服従し、神に栄光を帰して、その無窮無尽の恵みと至極懇切なる愛に対して感謝し讃美しようとすることが目的なので、そのようなしきたりは至極当然なことであって、少しも奇異だとか新奇に思うことはなかった。

私はこういった雰囲気の中で、ほとんど盲目的なほど何の考えもなしに、ただ同じ下宿のRと共に休まず通ううちに、一年がたった。それはまるで夢のようでもあったが、私にとっては今まで味わったことのない、もちろん想像もできなかった天国生活をしたものであると、今も忘れられないほどである。

無教会主義信仰の創始者である内村の聖書研究会は、そのように厳粛で真実なものであったし、常に整理整頓されていたため、一意専心の状態だったのである。そこで、私のような新参者であり外国人でしかも年少者としては、ただそれに従っていくしか他に方法はなかったのである。

ところが柳錫東の提案で、我々二人はある日曜日にわざと早く集会に出席して前の席に坐り、集会後先に門の所に出て、出てくる人たちの顔つきによって、朝鮮人（韓国人）を探し出すことにした。それは我々も今後、祖国に伝道するため、わが国語の聖書を共に学び研究しようという趣旨からであった。

集会場の今井館は三百人程度（無理すれば立席まで含めて五十、六十人は余計に入ることができるけれども）以上は収容が難しいので、主日の礼拝を午前、午後と分けて守っていた。大体において老壮たちは午前に、学生（男女の大学生）と青年たちは午後になる。

集会には若干の中国人と少数の朝鮮人もいたが、お互い知らぬままに過ごしたので、柳と私はこの時初めてわが国の人たちが何人なのかを知ることになったわけである。その時に初めて金教臣と咸錫憲、楊仁性、鄭相勲など四人を探し出した。ところが我々六人は皆学生であった。金、咸、柳は東京高師に席を置き、鄭は神学生であり、柳は早稲田大学に通い、やっと農大の予科生であった私は信仰は勿論のこと、学力も年齢も甚だしくは体軀までも一番遅れていて小さいほうであった。大変恥ずかしいことだけれども、それが事実であった。

しかし、金教臣はすべての面で最も先んじていて、背も高いほうだった。ただ彼の年が咸と同年で、生まれ月が一、二箇月遅いだけであった。したがって彼は誰よりも早く学業を終えて帰国し、彼の故郷の咸興で教鞭をとったのである。その後、咸、楊、鄭、柳らが皆学校を卒業して祖国に帰って来たが、ただ独り私だけは家庭の事情で学業を中断して、金教臣が帰国したその秋、東京を後にして、京城に帰ってきたのである。

多少脱線気味の面もあるが、我々六人は主日ごとに柏木の集会が終わった後に、大体、鄭相勲が学んでいる神学校の教室や寄宿舎に集まって、わが国語の聖書を勉強した。日本語、英語、ドイツ語、ギリシャ語、ヘブライ語など色々な聖書を参考にしながら、お互い力を合わせて暫くの間研究を続けた。およそ一年余の間だったのだと思う。

我々は金教臣だけ帰国した一九二七年に、東京杉並で七月一日付けで伝道誌を発刊した。それがすなわち『聖書朝鮮』なのである。当時私は入信満二年くらいになっていたし、年は二十四歳だった。しかし他の五人は信仰生活も五、六年ないし七、八年程度であり、年はRが二十五歳、あとの四人は皆二十七歳だった。結局私は既に述べたように一番後ろをついて行ったのである。

我々六人が皆帰国して後、咸は彼の母校平安北道の五山中学で教鞭をとったし、楊は平安北道宣川の某女学校の教師になったので遠くにいたけれども、金教臣は京城に引っ越して来て養正中学に勤め、柳も同じ学校の教師で、京城で主に『聖書朝鮮』の編集と発行の仕事に当たった。私はソウル近郊の梧柳洞で農業をしていた。金、鄭、柳、宋ら四人は主日ごとに集まって市内で公開集会を暫くの間続けた。講義は輪番制で行った。おそらくこれが京城では勿論、韓国において無教会伝道集会の嚆矢であると信じる。当時教会の牧師として我々の集会に深い関心を持ってしばしば出席し、または同調して大いに協調激励して下さった方は、聖潔教会の裵善杓牧師と長老教会の金禹鉉牧師であった。その他にも平信徒はもちろんのこと、牧師、長老、執事のような方たちも注目し、関心をもって意を注いだ人たちが少なくなかった。

しかし、公開集会は長く続けることはできなかった。それは同人たちの生活および心境の変化と、集会場の確保の難しさ、そして集まる人たちも数が心細くなっていき、我々の力と信仰をもってしては、もてあます状態に陥ったのである。金教臣はどんなにしてでも続けようと最後まで頑張るので、私も最後まで力んでみたけれども、結局我々は物心両面から力尽きてやめてしまった。

その後、金教臣と私は、当時の京城帝国大学（今のソウル大学）の法学部の学生K某君（現在弁護士をしており、国会議員もしたことがあった）と共に、ある時は山や野原で、あるいは下宿部屋で、三人で聖書を読み祈り、聖日を守ったこともあった。しかし、それも長くは続かなかった。これもあれもできなくなると、やむを得ず私が暮らしている梧柳洞の農家の一室で、その後、私が京城の明倫洞で暮らしたときにはその二階で、金教臣が礼拝を導いて農民と学生と知識人たちを指導した。それは全て金教臣の誠意と熱心の結晶であり、私は部屋を提供し、司会を受け持つ程度で共同責任を完遂しようとしたに過ぎない。

韓国の無教会信仰はこのようにして導入され、伝播され始めた。もちろん『聖書朝鮮』が発行される前にも、我々六人より前に、内村の『聖書之研究』の読者になって長い間内村に私淑することによって、彼の無教会信仰を学んだ人が必ずしもいないわけではなかった。その中には金貞植先生のような旧韓国政府の高官大爵にあった人もいたし、特に解放後、私と盧平久兄など無教会の信者たちと大変親密な霊の交わりをすることができた安鶴洙先生は、内村の大形写真を診察室に掲げてその下に「わが師」と書いて貼付けただけでなく、いつも暇さえあれば彼の診察室で内村の著書を愛読、閲読、耽読しているのを私は目撃しており、この方がどれだけ無教会信仰に徹した人であったかかわからない。そのほかにも、『聖書之研究』の読者が少数ではあるが、各地にいたことを私は知っている。しかし、彼らの中で誰も先述の二人以外には、韓国の無教会に対して特に影響を及ぼしたことはないので、彼らに対する細かいことは触れないことにする。

『聖書朝鮮』を発刊した初期には六人の同人がみな一緒に執筆し、神学を勉強した鄭相勳が主に文章も書き、編集もして数年間苦労したのは事実である。しかし、彼が何年か後に彼の故郷の釜山に帰ってからは、金教臣がその重責を負い、いわゆる「聖書朝鮮事件」という日帝末期のキリスト教弾圧のため、朝鮮総督府より廃刊命令を受けてやむなく涙を呑んで終止符を打つまで、あらゆる誠意と精力を傾けて、千辛万苦して続けたのである。彼の主に対する一途な真心を、ただひたすらに『聖書朝鮮』に傾注し、『聖書朝鮮』を通じて発揮されたのである。金教臣が『聖書朝鮮』に対してどれだけ熱心でどんなに苦労したかは、彼の母君が「うちの教臣は、『聖書朝鮮』しか知らない！」と言われた言葉だけで十分伺い知ることができよう。それでは、もっと深く彼の足跡について探ってみることにする。

我々は前号で、金教臣と無教会との関係をおおまかながら辿ってみた。しかし、もっと詳しく辿って彼の精神（信仰）と生活を明らかにしようと思う。金教臣は昼は学校で教鞭をとり、それもクラス担任までしながら、疲れた身体で夜は熱心に聖書を研究して、毎日休むことなく『聖書朝鮮』の刊行作業に勤しんだのである。そのため彼は時々徹夜したと言う。彼は高陽郡崇仁面貞陵里（今のソウル市城北区貞陵洞）で暮らしながら、あんなにも遠く離れている（十キロは遥かに越えているはずだ）養正高等普通学校（訳註・今の中・高校）まで、自転車で通勤した。彼は博物学の教師だったので、博物学の実験室を自分だけが使うことができる特権を利用して、授業の時間以外にはいつもその部屋を一人占めしながら、『聖書朝鮮』の原稿を書いたり校正の仕事に余念がなかった。それだけではない。金教臣は印刷所と総督府に出入りすることと、雑誌が出たら数カ所の書店に配ることに奔走した。彼は歩かなければならない所以外、いつどこへ行くにも自転車を利用した。それがどれだけ疲れることかは判り切ったことであった。読者に送る雑誌の封筒に住所を書き込み雑誌を封筒に入れた後、一枚一枚郵便切手を貼って発送準備を終えると、自転車に載せて郵便局へ行き発送するのである。このように給仕から社長に至る全てのことを一身に背負い、黙々と主の後に従って担わされた使命を完遂したのである。私は遅蒔きながら、今になってようやく、彼の内なる人を垣間見ることができるような気がする。

周囲の人々は金教臣を精力家だと言った。その言葉は当たっているのかもしれない。なぜなら、彼はまず身体が大きかった。いつも血色がよかった。もちろん力持ちでもあった。そのせいかどんな運動でも手当り次第たしなんだようだけれども、特にテニスの選手だったし、マラソンは彼の特技であったのである。金教臣はよく食べたのは勿論のこと、同僚たちの間では大食漢として知られているほどだった。彼が私よりも倍以上の食事をしたのも事実である（但し、私は若い時に胃腸が弱くてとても少食だったせいもあるけれども）。そういうわけだから、彼の健康がどれだけ優れていたかは想像に難くない。

このような彼が早逝しようとは誰が夢にも思っただろうか。ああ！

金教臣は中学校教師であり、『聖書朝鮮』の主筆であったばかりでなく、聖日には聖書集会を長い間弛まず続けてきた。そうかと思うと、暇さえあれば住宅の周辺にある数千坪の畑にさまざまな蔬菜（そさい）農業を営んだし、多くはなかったが果樹の栽培も手掛けた。いったい彼はどんな力で、否、それよりもどんな時間があってそれら全ての事をこなし得たのか、理解に苦しむほどである。

『聖書朝鮮』を始めた初期には、同人の六人が皆執筆に参加したのは既に述べたとおりであるが、年月が流れていくうちに一人二人去ってしまい、咸錫憲だけはほとんど最後までしばしば執筆したが、とにかくだんだん金教臣の個人誌みたいになり、単独の力で、特に経済においては完全に個人の負担で維持したのである。今日においても、韓国では無教会の雑誌は赤字を免れないのがむしろ当然なことのようになっているのであるが、ましてや三十余年前においては、なおさらのことではなかろうか。今考えると、俸給生活をしている彼が子女の教育をしている傍ら、毎月雑誌を発刊したということは、実に驚くべきことであり、ほとんど奇跡に近いことであったと言えよう。

金教臣は先に述べたように、並はずれて超人的な生活をした。彼があんなにも目覚ましい超人的な活動をすることができたのには、なにか秘訣でもあるのではないかという考えが起きる。然り、金教臣は他人が知らない、他の五人の持っていない卓越した知恵と非常なる勇気と優秀な手腕をもって生活をしたのには、明らかにある驚くべき力が働いたであろうことを誰も否定することはできない。誰がそのことを、彼の精力や努力にあるとだけ断ずることができようか。もちろん彼が精力を傾けて努力を惜しまなかったことは事実なのだから、彼を精力家とか努力家とかいっても間違いではなかろう。しかし、彼は単なる精力家や努力家だけではなかったのである。では一体金教臣の金教臣らしい特徴、その特技は何であったろうか。

ある人たちは金教臣を愛国者だと言う。然り、彼は誰よりも愛国者であり、何よりも祖国を愛し、民族を愛した人であったのは事実である。彼は創氏改名をしなかった。これは決して容易なことではない。日帝末期、断末魔的な最後の悪あがきとして残忍非道な悪政をほしいままにした総督府の弾圧の下で、創氏改名を拒否し、神社参拝に反対するということは、ほとんど死と滅亡を自ら招くことであった。それを金教臣は勇敢にも退け克服して行ったのである。ああ！　それは果敢というよりは、むしろどんなにか悲壮なことだっただろう。私はここで、しばし口をつぐまざるを得ない。

私は、今や金教臣の正体を明らかにすべき段階にきたと思う。然り、金教臣の愛国・民族愛も、精力と努力も、全て金教臣自身のものではなかったと私は言いたい。なぜか。彼は生来の自分を生きた者ではなかったからである。金教臣はヤコブとヨハネの兄弟と変わらない野心家なのかもしれない。サウロのように神を冒涜（ぼうとく）し、イエスを踏みにじる反逆者だったのかもしれない。明らかに私は、彼がヤコブやヨハネのように野望家であり、イエス様よりもイスラエルをより深くより多く愛したサウロのように、イエスよりも彼の祖国朝鮮をより愛したことをよく知っている。彼が学生時代に、ある日、玄界灘を渡って帰国の途中、連絡船の甲板で地だんだを踏んで「朝鮮人は可哀相だ！」と叫んだことは、有名なエピソードである。彼が教育者になって青年たちを育てたのも、政治的意味はなかったかもしれないが、精神的ないし霊魂の独立を目標とし指向したことは、誰も否めない事実であろう。

しかしそのような金教臣が、最後まで世俗的野望を抱くとか、生来の人間的愛国者になることは決してなかった。彼はヨハネのように福音の使徒になったし、ヤコブのように韓国無教会の信者としての最初の殉教者ではなかったか。そうして彼は韓国に無教会的福音の種を蒔き、育てることに開拓者、先駆者として活動したのは勿論、規模は小さいかもしれないけれどもおそらくその精神と態度において、原始キリスト教における初代教会を各地に建設し、大事業を遂行したキリストの僕（しもべ）パウロ先生に比べれば、過ぎた誇張だと非難する人がいるかもしれない。とにかく金教臣は韓国の無教会だけに限らず、キリスト教界においても貴重な存在である。

私は最後にそして単刀直入に、金教臣を一言で表すとするならば、「金教臣は信仰の人である」、または、「金教臣は信仰のみによって生きた人である」、あるいは「金教臣は神以外に誰もそして何も畏れなかった人だ」と言いたい。短い生涯ではあったが、彼の一生は、特にその後半生は、明らかに神だけを信じて依り頼んだし、イエス様だけのために生活したと言っても過言ではなく、間違いないものと私は信じる。

金教臣！　彼は元来徹頭徹尾肉の人間であった。しかし、キリストの贖罪によって救いに与った彼は無教会的純粋な信仰のみの信仰を生きた人であった。それもある時ある事件を通じて（もちろん入信後、それも『聖書朝鮮』の発刊初期に）彼には生涯初めてであり、また二度とありえない、恐ろしくて悲しい体験を経てからのことなのである。

金教臣と私との間柄は、最も多く接したし最も親密だったのにもかかわらず、私は彼を理解することあまりにも乏しく、経済面は勿論のこと、執筆さえも助けることができなかったことを、今になって後悔し自責しても、むしろ偽りにならないかを恐れる心情を禁じ得ないが、あえてこの一文を、先に逝かれたあなたに捧げたい。

（一九六九・五・六、『聖書信愛』第一三三・一三四号）

金教臣兄を追慕して

金兄！　貴兄が逝ってはや三十三年目になるのですね。三十二周忌になるのですから。

金兄！　私は来る三月二十九日がまさに月南・李商在先生の五十周忌に当たるということをソウルに来て初めて知ったのです。その方こそはちょうど金教臣兄のように真なるキリスト者であり、真なる愛国者であると私は信じます。

私が島から二十八日に出て来ましたら、二十九日の朝の『朝鮮日報』に、私たちの親しい同窓の友で言論人の、金乙漢君が書いた李商在先生への追慕の辞が載っていたので、私はその文を見て二重に驚き、また、嬉しかったです。その理由は、第一は李商在先生の五十周忌を知ったということ、第二は、それこそ五十年前に別れてからお互い生死を知らなかった金乙漢君が、月南先生の追慕の辞を書いているし、それをちょうど私が読むことになったからです。こういう場合を人々は偶然と言うかも知れませんが、私にはそのようには思えません。これは明らかに神の思し召しであり、また主のお赦しであると私は信じます。私がこのように考えるもう一つの理由は、他でもなく、世間では金教臣を愛国者と言いますが、私は金教臣を愛国者である前にキリスト者だと考えています。同じような意味で李商在先生も同じ方だと思っている私に、主はこの機会を与えて下さったのだと信じられるからです。

そうして誰が何と言おうと、私が金教臣も李商在も愛国者である前にキリスト者であると主張する理由は、愛国者は必ずしもキリスト者でないこともあり得るけれども、キリスト者は彼が本当に信じるならば、誰でも必ず愛国者にならざるを得ないからです。それは信仰の中には愛国心が必ず宿っているからであります。もしも信仰から愛国心が湧き出ないとするならば、その信仰は明らかに偽りか、または偽者（にせもの）であるからです。そのことに関する好例は、わが主イエスではありませんか。その次はもちろんパウロでしょう。ルターもやはり愛国者ではありませんか。私どもの恩師内村鑑三先生も同じでしょうね。その他にも大小の差はあるでしょうけれども、神を本当に信じる者として愛国者でない人がいるでしょうか。

ですから、世間が金教臣を愛国者と敬慕するのは当然のことですけれども、むしろそれゆえに私は金教臣を真のキリスト者と言わざるを得ません。ですから、金兄も知っていた李商在先生が愛国者であることは世の中が皆周知の事実ですけれども、あの方の清貧こそは知る人ぞ知ることですが、それは彼の国に対する操のためではないでしょうか。

私としましては金教臣兄を考える場合にはまず金兄の信仰と愛国心なのですが、李商在先生に対してもやはり記憶するのは、彼の信仰と愛国心だと思います。ところで、金兄は四月十八日に誕生して四月二十五日に召天されたので、私は四月を「金教臣の月」だというのは当然なのですけれども、とにかく私は「金教臣の月」の四月が近づけば金兄を思うのです。お二人の信仰と愛国心に共通点があると考えられて、お二人への追慕の念はそれこそ切実なるものがあります。それで、私は急いで二十九日の午後三時にYMCA会館を訪れたのです。

ＹＭＣＡの講堂は定刻前に満員になり、大部分が壮年以上の年輩の人たちでしたし、婦人方と青年はごく少数でした。『朝鮮日報』に追慕の辞を書いた金乙漢君は言うまでもなく、私の尊敬する方たちに会えて大変嬉しかったです。追慕式は定刻に始まったのですが、司式は金禹鉉牧師が担当していました。無教会が韓国で正式に発足する時から、長老教会の牧師金禹鉉先生とホーリネスの牧師裵善杓先生のお二人は私どもの集会に出席して下さったばかりでなく、金牧師は今日に至るまで無教会を見守ってくれ、特に盧平久兄と私を愛して下さっていることは有り難いことです。いろいろな面で協力と指導をして下さるので、どんなにか慰めになるかわかりません。今は八十を過ぎた高齢にもかかわらず、壮健な面持ちで式を司っておられることには驚きました。裵善杓牧師は大分前に亡くなられました。

多くの憂国の士たちが集まって（五百余人）、厳粛且つ真実な雰囲気の中で追慕式は進行しました。参加者の中には、やはり盧兄と私を愛して下さる元延世大学の総長でセブランスの病院長であった金鳴善博士もみえていました。牧師と博士のご両人は、大変親切で教派意識など全くなく、私どもと親交を結び、時々四人が集まって食事を共にしながら歓談を交えることとは、どんなに貴いことであったでしょうか。

私がなぜこんなことを申し上げるのか、金教臣兄も同意してくれるでしょう。結局信仰と愛国心は二つでなくて一つだということ、また正しい信仰は誰とでも一つになれるということを言いたくてのことです。私は金鳴善博士は当教会の長老だと思い込んでいたのですが、意外にも「私のような俗物がどうして長老職につけるでしょうか。教会は勧めましたけれども、私は頭から辞退したのです！」と言われるので、私は驚きながら頭が下がりました。金禹鉉牧師と金博士は希有な方たちではないでしょうか。私は心からお二人を尊敬します。私は韓国の無教会に金教臣を、教会に李商在、また金禹鉉、金鳴善のような方たちを贈ってくださった神様に無限の感謝と讃美を捧げてやみません。

金兄！　私が金兄の三十二周忌を迎えて、このような感想を述べることができますことを喜び、金兄を追慕しながら、再会の日までアンニョン！（さようなら！）　　一九七七・四・四・夜一時。

（一九七七・四、『聖書信愛』、第二二三号）

安鶴洙先生と六・二五

我々は六・二五（訳註・一九五〇年に起こった朝鮮戦争のこと）と共に安鶴洙先生の七周忌を迎えることになった。私は七年前のことを想ってことさら心の痛みを禁じえない。しかしこれは決して、人間安鶴洙先生が他界されたことを悲しむからではない。

先生は決して死亡されたのではない。明らかに召天されたことを私は信じて疑わない。すなわち、わが主の胸に抱かれて天使と共に天に在ます父なる神を賛美しておられることを私は確信する。その理由は、先生は一生涯、主イエスを信じてお仕えし、その御心にだけ従って暮らされたばかりでなく、最後の臨終の時、誰よりも主の精神を模範として福音の真理を保つため、その純潔と神聖を汚さないために、とりわけ悪に屈したり不義に加担することを避けるために、生命を生ける生贄（いけにえ）として犠牲になられたからである。

それゆえ私は、先生がこの世を去られたことを悲しみはしない。尊い最後を全うされたばかりでなく、人間はいつか一度はこの世を去らねばならない存在であり、また、齢五十を生きられた先生は短命だったとも言えないので、実は以上のような角度で考えてみる時、先生が逝かれたことはむしろ有り難いこと、または喜ばしいことであると言うこともできるのである。

しかし、私は先生を想う時いつも心が痛むのは、あんなにまでして先生は戦い、その生命を真理と福音のため祭壇に捧げられたにもかかわらず、この国この民族は、否、我々同信の群れは、何よりも特に私自身が今まで、すなわち、七周年になる今日までもこのような態でいたことに思いを致す時に、これこそ最も悲しく私の胸は痛み心苦しさを禁じ得ないのである。
主は御自分の使命のため十字架に架けられて悲惨な最期を遂げられた。しかし、神は彼を死より復活させ給うた。そうして神の右側に座し、神と共に栄光に与っておられる。それゆえ、主は決して空しい死を遂げられたのではない。そのことを思うと、主と、福音と、天国と、神の栄光のためにこの世を辞された安鶴洙先生の死が、どうして無意味、無価値な死であり得ようか。先生は後に残っている我々のために、信仰の指標になって下さったのである。
六・二五は不幸なことであったし、また我々の決して忘れられない出来事であることは事実である。しかし一方、六・二五は天よりの警鐘であるばかりでなく、実に神の愛の鞭だったのである。ましてや安先生を犠牲の供え物とまでされたからには。それゆえ、我々はどうしてこのような六・二五を無為に過ごすことができようか。先生のような信仰を継承すべきのみ！

（一九五七・六、『聖書人生』第二四号）

訳者註・安鶴洙（一八九八〜一九五〇）は若き日、内村鑑三の『聖書之研究』に接し、無教会信仰者として医師をしつつ伝道活動を行う。一九五〇年六月朝鮮戦争が起こり、人民軍兵士に「聖書を焼け」とせまられ、拒否して夫人と共に自決した。

李賛甲先生を歓送することば

聖書の御言葉の数ケ所を読みます。まずヨハネ福音書十一章二十五節から二十六節まで。

わたしはよみがえりであり、命である。わたしを信じる者は、たとい死んでも生きる。また、生きていて、わたしを信じる者は、いつまでも死なない。あなたはこれを信じるか。

次は第一コリント書十五章五十節以下。

兄弟たちよ。……肉と血とは神の国を継ぐことができないし、朽ちるものは朽ちないものを継ぐことはできない。……しかし感謝すべきことには、神はわたしたちの主イエス・キリストによって、わたしたちに勝利を賜わったのである。……主にあっては、あなたがたの労苦がむだになることはないと、あなたがたは知っているからである。

次にヨハネ黙示録二十一章一節以下。

わたしはまた、新しい天と新しい地とを見た。先の天と地とは消え去り、海もなくなってしまった。……また、御座から大きな声が叫ぶのを聞いた、『見よ、神の幕屋が人と共にあり、神が人と共に住み、人は神の民となり、神自ら人と共にいまして、人の目から涙を全くぬぐいとって下さる。もはや、死もなく、悲しみも、叫びも、痛みもない。先のものが、すでに過ぎ去ったからである』。すると御座にいますかたが言われた、『見よ、わたしはすべてのものを新たにする』。また言われた、『書き記せ。これらの言葉は、信ずべきであり、まことである』。……渇いている者には、命の水の泉から価なしに飲ませよう。

勝利を得る者は、これらのものを受け継ぐで

あろう。わたしはその者の神になり、その者は
　わたしの子となる。

私どもは今日、先日先立たれた李賛甲先生とお別れを告げるためにここに集まりました。人々はこのような集いをお葬式と言いますけれども、私は歓送式と言いたいのであります。なぜならば、世の人々は死んだ人とは永遠に会えないものと思っていますけれども、信じる人は、皆共に行くべき所へひと足先に行ったのですから、一時的な別れだと信じるからであります。日本の矢内原忠雄という方は、彼が信じ始めた頃に、恩師の内村鑑三先生が御自分の令嬢の遺体を土の中に埋葬するや、「万歳」を叫ぶのを見て、大いに驚き「信じるということはただごとではないのだな！」と思いながら、「これこそは絶対的なことなのだ。結局人生の最高・最大・最善・最後のことをわきまえて、最初から決心を固めなくては」と語ったと言います。彼は終戦後、東京大学の総長職に二期連続しながらも、『嘉信』という雑誌を出して伝道をしました。

また、山田鉄道（かねみち）という、やはり内村の弟子の方は、今九十四歳にもなるのですけれども、依然、『無教会キリスト』という伝道誌を毎月出しながら、自転車で自ら近所の読者や書店に配達をしているというのですから、驚かざるを得ません。そうして山田先生は往年、御夫人が召天した時「万歳」を叫んだとのことですし、誰かが世を去ったという知らせが来ると、祝電を送るというのですから、これ以上何を申し上げましょうか。

おそらく無教会というのはこういうものだという気がいたします。こういった意味においても、私どもは意識的につくろってでなくて、実際に私自身は、全くお葬式の気分はないばかりでなく、あたかも他郷でしばらく借屋住まいをしていたが、自分の故郷の父母兄弟のふところに帰っていく友人を見送る気

分であります。皆様方もおそらくそうだろうと思います。

人々が悲しむというのがお葬式ですが、私共は歓送の心情なのであります。実は人々が嬉しいと騒ぎ立てる結婚式こそは、私はお葬式だと思っています。こういうことがありました。私が若い時、初めて結婚式の司式をした時のことでありますが、それも全く予告もなしに、急に新郎と新婦がわが家に訪ねてきて、結婚式をしていただきたいと言うので、あわててわが家の二階で式を挙げたが、私はあわてたはずみで、「結婚式は葬礼式である」と宣言したのでした。

「某君と某嬢は、この場で一旦今までの全てのこと（計画）や考え（理想）を捨てて、死なねばならない。即ちあらゆる夢も幸福も、はたまた生命のように、または生命以上に尊重し大事に守ってきた貞操までも捨てねばならない。言いかえれば、肉に死んで主イエスを通じて神の内で聖霊の御働きにより、霊に生まれ変わって新しい人間になることを自覚せねばならない。そのような意味で、この結婚式が葬礼式に、特に魂と魂を結ぶ本当の意味の結魂式になることを願うので、この時間は葬礼式を司る気分であり、そういう心情で司式をする」と言ったことを思い出しましたが、今日のお葬式ならぬ歓送式を、李賛甲先生が理解されるのは勿論、むしろお喜びになられると信じるのです。

世の人たちが死を悲しむ理由は、第一は、永遠の離別、即ち、再び会うことのできない別れ、これが最後だという考えのためであり、第二は、来世があるとしても、それは恐ろしい地獄を連想してしまうので、恐れが先立ってしまい、むしろ悲しむのが当り前ではないでしょうか。しかし李先生のように、早くから人生の真義を悟り、神を信じイエス様にお仕えしながら、聖霊の指示に従って父の御心に生きて生涯を全うした人は他におられましょうか。それゆえ、先ほど読ませていただいた聖書の御言葉のように、彼は主にあって「復活」するはずですし、「感謝すべきことは、神はわたしたちに勝利を賜ったのである。」李先生の一生は「主にあって、……労苦がむだになることはないと、あなたがたは知っているからである」とのお言葉通り、李先生の召天こそは、私どもにどれだけ慰めと希望と喜びを下さっているかわかりません。

李先生の七十年のご生涯は、あまりにも明るくて清く、あまりにも清浄で美しくありました。（註・故人の愛用の雅号は、「パルク（明るい）マルク（清い）」であった）。彼は生涯を通じて、全てのことに徹底と完全を期しましたし、真実にしてかつ、周到でありました。そうでありながらも、彼は常に矛盾の中で暮らしました。先生は天才でもあられました。彼の子女たちを見て推量ることができます。彼らは本当に立派であります。

先生は高普（訳註・高等普通学校、即ち中・高校）時代に有名な野球（投手）の選手だったと言います。あまりにもうまかったので、外出すると衆人の注目を浴びましたし、学生たちは李賛甲の後ろをぞろぞろついていきながら「や！　李賛甲選手だ！」と叫んで羨んだと言います。しかし、彼は少しもこれに執着することなく、選手生活を清算し、ただひたすら信仰の道を邁進したのですから、これはどんなに勇敢で痛快なことでしょうか。

李先生はご自分の使命を完遂しようと、若い時から色々と準備することを怠りませんでした。学生時代に選手生活を弊履のように捨てた彼は卒業後、村へ人と知人たちとの勧めによって養鶏の組合長と消費組合の専務理事の仕事をしましたが、それを辞した後果樹園を始めました。将来農村の教育をするための準備でありました。彼は農民教育を自分の使命と感じたからであります。

彼は農村教育を実地に学ぶため日本にまで行って、数年間、実地研究をしました。農業国として世界に名を馳せているデンマークには行けませんでしたけれども、直接デンマークへ行って学び研究してきた日本人たちに教わるためでした。帰国後は、あの有名なデンマークの先駆者グルントウィの国民高等学校と同じような教育をしようという考えに胸が躍っていました。

日本から帰国した後にも、もう少し農業を研究しようとして、再び果樹園の経営に没頭しました。そうした中で、一九四五年八月十五日に解放を迎えることになったのです。

どんなにか欣喜雀躍、感謝の解放であったことでしょうか。しかし、李先生には（なにも李先生だけに限ったことではないでしょうけれども）あまりにも思わぬ非運が待ちかまえていました。はからずも怨恨の三十八度線が引かれて、南北が鉄のカーテンで塞がってしまったのですから。なんという悲劇でしょうか。ましてや北はソ連の、南は米国の支配を受けることになるとは何ということでしょうか。国民が解放の喜びを味わう暇もなく、これこそは晴天の霹靂としか言えないことでした。それでも南には自由がありましたけれども、北は全く自由などない、共産主義の独裁支配の下に置かれたのですから、目の先が真っ暗になるだけでした。

すでに三十八度線は死線になっていたにもかかわらず、多くの北韓の同胞たちは九死に一生のあらゆる艱難辛苦を舐めながら、光と自由を求めて三十八度線を越えて南韓に避難してきました。しかし李先生は、みだりに軽挙妄動すべきでなくて、もう少し静かに神の御意が明らかになることを待とうと、安易に旅立たずに故郷を守らんと頑張りました。けれども、やはり暗黒の中の赤旗の下で生き切ることが必ずしも神の御心ではないと痛感して、ようやく重い心で南下を決行したのでした。家族は多いのに徒手空拳の身でどれほどご苦労されたことでしょうか。

苦難の波は重ねて押し寄せました。越南して落ち着くこともできないままの一九五〇年に、六・二五（註・朝鮮戦争）が勃発し、言うなれば避難中に更なる避難をすることになりました。今度はもう韓国の南の端の釜山まで行きました。しかし彼はいつ、どこでも自分の使命を忘れず、常に教育に意を注ぎました。実は農村の若者たちを教育したくても、まず教育の底辺から準備をしなくてはと、釜山のある初等学校（註・小学校）で二年以上基礎教育を体験しました。その後、戦争が終わるや、京畿道の驪州郡にある大信中学校と仁川の海星高等学校とで高等教育まで実地実習をしました。こうして準備万端を整えたわけであります。

至誠天に通じると言いますが、主が「全て求める者は得、捜す者は見いだし、門をたたく者はあけてもらえる」（マタイ七・八、ルカ一一・一〇）と言われたとおり、李先生はとうとう、おおよそ生涯をかけて、捜し求め準備してきた農村教育を実践できる機会がやってきました。神が予め用意され、奇跡的に許されたのです。プルム学園がそれであります。忠清南道洪城の朱鋈魯兄が「李先生がそんなにも願われるならば、私がその志を叶えてあげましょう。」と、ご自分の故郷にある全土地を提供して、共に手をとってプルム学園を始めたのでした。一九五八年の春のことです。高等教育を目標にしながらも、まず中等教育から始めました。今のプルム高等公民学校がそれであります。

李兄はまさにアブラハムのように、この世的、人間的な何らの計画も準備もなく、避難中の客地で徒手空拳でただ全能の神を信じ、ノアの方舟のように時を待ちつつたゆまぬ準備だけをしたのですが、神はついにその実現を許し給うたのです。信仰とはこういうものではないでしょうか。驚嘆するのみです。

ああ！　しかし、いと深く高く聖なる神の御意を誰が推量ることができましょうか。学校を始めてわずか三年になる冬、先生は不慮の練炭ガスの中毒によって倒れてしまったのでした。高等学校はおろか、まだ中学の卒業生も見送らぬまま、あれほどまでも全てに徹底し、そしてはっきりしているだけでなく、少しも暗いとかおぼろげなところのない李賛甲先生が、とうとう廃人になってしまわれるとは、何たることでしょうか。こんなにも残念で恨めしいことがどこにありましょうか。

しかし、我々の誰が、何ができるでしょうか。我々はヨブのように「主が与え、主が取られたのだ。主のみ名はほむべきかな。」、「全てこの事においてヨブは罪を犯さず、また神に向かって愚かなことを言わなかった」（ヨブ一・二一、二二）と聖書に書いてあるとおり、李兄はその後十四年という長い歳月を、忍耐し順従に、恨み言一言もなく病床を離れることができませんでした。ただただ感嘆の至りであります。それゆえ、人々は李先生を「韓国のナタナエル」と言いますけれども、私は李兄は明らかに「現代のヨブ」だと申し上げたいです。もちろん李兄に振りかかった苦痛こそは形容すべくもありませんが、ご家族の労苦はいかばかりであったでしょうか。特に奥様の苦難とご苦労に至っては、誰が推量さえできましょうか。

それでも私どもは、もしかしたらと李兄の回復をお待ちしていましたのに、ああ！　ところが、この暗くて汚れた、恨みの多い世を、七十を一期に、再び回復することなく召されました。今は十四年というあの長い病床生活を終えましたから、悲喜交錯としか言い表しかねませんが、人間の心情としましては世の中はおろか、神までもただ怨みたい思いだけであります。

しかし違います。決してそうではありません。もちろん私どもは神の深く奥妙なる御心を少しも理解できませんけれども、それでも従うしか我々の取るべき道はないではありませんか。ましてや神は愛の父にていまし、いつも誰に対しても最善だけをなさる方ですから、どうして従わずにいられましょうか。あの美しいサボテンは一、二日の花を咲かせるために、数年または数十年を待たねばならないではありませんか。イエス様は僅か三年の公生涯のためにこの世においでになられたではありませんか。

それゆえに、李先生の一生を、彼に準備だけさせたのだと不平を言うよりは、より大きく貴い彼の生涯の意味を私どもは忘れてはならないと思います。李兄は他の人たちのように名誉、地位、権勢、富などで身を立て名を揚げる華々しい出世の生活でなくて、忍び、待ち、従う人生を私どもに示されようとする、神のみ心に従って、ただひたすら万事に従順に一貫して信仰による人生を生きられた方ではないでしょうか。

それゆえに、李賛甲兄はまことに李賛甲らしい、否、李賛甲でなければ担えなかった、そういう高くて貴い一生であったと私はあえて申し上げたいです。キリストが人類の罪を代贖なさろうとして十字架を負われたように、李賛甲も五千万同胞のための十字架の苦難を担われたのだと申し上げたとしても、誰が私の妄言となじるでしょうか。

神の摂理と経綸は誰も理解できません。それゆえに我々は、今、かくも「明るく清い」ご生涯を終えて逝かれた李兄を、喜びと感謝の心で歓送するのみであります。そうして私は、今は信仰の勝利者なる李賛甲に、主にあって神が生命の冠をかぶせて下さる瞬間ではないかと信じます。私は李兄を通じて、……渇いている者には、命の水の泉から価なしに飲ませよう。勝利を得る者は、これらのものを受け継ぐであろう。（黙示録二一・六〜七）

と言われた御言葉がもう一度成就されたのだとの思いを深くしながら、何度も感謝と賛美を捧げたい心情で歓送の言葉を終えようと思います。最後に、天にいます神の恵みと平安が、李兄と遺族の方々の上に豊かにありますよう祈ります。

（一九七四・一〇、『聖書信愛』第一九五号）

第三部　政治・社会・時事

解放、自由、独立

一般に、自由、解放と言う。しかし解放なくして自由はありえない。それゆえ解放が先であり、自由が後である。では一体解放とは何か。警察官が被疑者に縄をかけ、手錠をはめて捕らえることを逮捕と言い、連行して獄にぶち込むことを拘禁または検束という。そのようにして自由を奪うことを拘束と言うし、他に隷属して（個人や国家や一般が）自由に行動ができず抑圧されることを圧制、圧迫、弾圧を受けると言う。結局逮捕、捕縛、検挙、拘禁、検束、束縛、拘束、圧制、圧迫、弾圧などはすべて不自由、すなわち自由を奪われたことを意味し、表示するのである。ところが、こういったすべての状態から再び解かれて自由を回復することを釈放、または解放と言う。このことが分かれば、解放がどんなに貴く嬉しく有り難いことであるかを推察できるではないか！　また、実際にこれを体験できなかった者が、とうてい想像もできないほどの慰めと満足と平安を与えてくれるのが解放である。

ところで人々は言うであろう。「私は今まで自由を奪われたことなどない。だから私は解放の必要など全くない」と。もしこれが事実であるならば、どんなにか素晴らしく幸せなことだろうか。それこそ何よりも羨ましいことであるに違いない。ああ、しかし私はそういう人に向かって言わざるを得ない。

「おお！　愚かな者よ、あなたはまことにかわいそうな者であることよ。それは現在あなた自身がどのような姿にあるかということを、あなた自身が全く認識していないからなのだ。私は問いたい、あなたは今はたして真の自由を持っているのか、と。言いかえればあなたは内的にも外的にも、あるいは物質的にも精神的にも、いつでも、どこでも、誰に対してでも何事においても絶対に、少しも拘束を受けることがないのか、あるのか。こう問われても、それでもあなたがもし『私にはそのような事は全くない』と言うならば、私はあなたの理性と感情とそして精神力を疑わざるを得ない。そういうあなたは一切を超越した絶対者であるか、さもなければ狂人か白（ママ）痴であるからである。私はあなたが絶対者かどうか知らないけれども、ただあなたが狂人や白痴でないことを願うのみである」と。

　私が考えるのに、人間は母の胎より地上に落ちた時から既に自由を失った者である。ところが、この世の中に住めば住むほど、即ち歳をとればとるほど、多種多様の圧迫と束縛がくり返され、波のように押し寄せて来て周囲を取り巻くので、漸次自由を失ってしまうのである。それゆえ幼子であるほど天真爛漫であり、全ての事において振る舞いが自然であるのは、それだけ自由であるからである。ところが、人々は以上の全ての束縛や面子（めんつ）などで不自由だと言いながら、むしろこれを重大視している。一切の形式、制度、意識、組織、人事、階級などは、大部分が体面の一端を飾り、また維持しようとする手段であるだけである。しかし、その全ては人間の自由を奪い剝脱するだけなのだから、何とこれは悲しくてかわいそうなことだろうか！　否、まことに憎むべきことでなくて何だろうか。人々はこのことをわかっているのかどうか。

　国際的には属国の領土、植民地などの民だけが圧制を受け、また個人的には貧しき者、弱き者、病める者だけが不自由なのかも知れない。しかし、彼らにもある面において自由はあると言える。ただ留置場や刑務所にある者、あるいは奴隷や奴婢のような者たちには少なからぬ不自由があるはずである。しかしながら、奴隷や奴婢制度は現在においては容認できないから論ずるまでもない。世間では多くの人たちが以上のような考えを持っており、また、あたりまえのように言っている。しかしそれは事実だろうか。違う。絶対にそうではない。私はそういった考え方を絶対に否定し、それとは正反対であると叫ぶ。人々は私の言葉に驚き、私の考えに疑問を抱くかも知れない。しかし、この明白で確実な事実を誰が否定し得ようか！それは事実に勝る雄弁はないからである。

それではどちらの方が事実であるかを探ってみることにしよう。目のある者ははっきりと、そして詳しく観察するがよい。耳ある者は天からの真理の叫び声を静かに聞いてみるがよい！「心の貧しい者は幸いである。天国は彼らのものである」から（マタイ五・三）、また「富める者が天国に入るよりはらくだが針の穴を通る方がやさしい」（マタイ一九・二四）とイエスははっきりと言われた。これは富める者であるほど貧しい者よりも、地位が高いほど低い者よりも、学者であるほど無学な者よりも、どれだけ不自由であるかを明らかにされた言葉なのである。この事実をどう解すべきか。我々は最近最も大きい例を見ているではないか。即ち、日本の天皇がその例である。彼がもしも天皇の地位をすっかり脱ぎ捨てるとすれば、彼は今まで夢にも経験できなかった、そして全く想像もつかない真の自由を確実に得るだろうことを、私は少しも疑わない。これだけ大きな事実によって証明できるにもかかわらず、あなたはそれでもなお固執しようとするのか。

「私は自由である。解放の必要などない」と言いながら、あなたの財産が、地位が、学問が、名誉がどれだけあなたを不自由にしているかを、あなたは知っているのかいないのか。あなたは今、どれだけ徹底した奴隷の生活をしているのか、認識しているのかいないのか。にもかかわらず、人々はただ無我夢中になって、自分が自分自身を、あらゆる不義と罪悪の鉄鎖（財力、学力、権力などは大部分不義と罪悪の奴隷になっているのである）によって頑丈に巻き付けられているにもかかわらず、なぜそうなっているのかをわかっていない。どんなにかもどかしいことだろう。ところが、この世の多くの人たちはこのことを少しも認識していないか、稀に多少なりともこれを悟っている人があるとしても、あまりにもさまざまな紐によって固く縛られているし、幾重にも厚い障壁の中に閉じ込められているので、人の力によってはとうていその中から逃れ出ることができないのである。これは絶対に不可能なことである。

それでは我々は永遠にこの恐ろしい不義と罪悪の獄舎に拘束されたまま、解放されずに終わってしまうのだろうか。必ずしもそうではない。我々は落胆失望する前に、救いの道を探ってみることにしよう。いくら人の力ではできないとしても、これを容易に解決できる絶対者にして全能者なる救い主の前に進み出て、門を叩いてみよう。

> もしわたしの言葉のうちにとどまっておるなら、あなたがたは、ほんとうにわたしの弟子である。また真理を知るであろう。そして真理はあなたがたに自由を得させるであろう
>
> （ヨハネ八・三一以下）

とイエスは語られた。これは明らかに救いの道を探し当てられた人の言葉である。この道が即ち自由の道であり、また生命の道である。しかし、この御言葉を聞いた当時のユダヤ人たちは、現代人と少しも変わることなく、その場で反抗した。「われらは他人の奴隷になったことがないのに、どうしてわれらに向かって自由になるだろうなどと言うのか」と反問したので、イエス様はやむを得ず露骨に率直に語られた。

> 罪を犯す者は罪の奴隷です。奴隷は自由がないけれども、人の子には自由がある。それゆえ

> 人の子があなたたちを自由にすれば、あなた方はまことに、そして本当に自由になるであろう
> (ヨハネ八・三四～三六の要約)

と。ああ！　今や我々は解放の道を探し当てただけでなく、それよりも先ず我々が現在どれだけ不自由な者であるかも明らかに知ることになった。世に罪のない者がいるだろうか。人間は皆罪の奴隷である。しかも、罪の抑圧は並み大抵のことではない。それは先に話したように人間は誰もこの恐ろしい罪の拘束から、自力によって抜け出られる者は絶対に一人もないのである。これは古今東西皆等しいことである。

ところで、解放の道はただ一つあるだけである。それはイエスの御言葉に生きることである。イエスの御言葉に生きさえすれば、必ず真理を知るのであり、真理は「あなたたちを自由にする」(ヨハネ八・三二)と言うイエスの言葉が、固い約束であり不変の御言葉なのである。

> 天地は滅びるであろう。しかし、わたしの言葉は滅びることはない　(マタイ二四・三五)

とイエス様が言われたとおり、イエス様の御言葉は即ち真理であって、それは永遠不変不動の生命の原動力である。それゆえ、真理のみが我々を解放することができ、真理からくる解放のみが真の解放、正しい解放、完全な解放である。この世の解放は時間と場所の限界があるが、イエス様より来る真理の解放は永遠であり、また無限である。それゆえ、真理の解放があるところにのみ、初めて真の自由があるのである。

自由！　罪から解放された自由、即ち真理の自由、この自由を妨げたり奪うことのできる者は絶対にないのである。この世にないばかりでなく、宇宙にもないのだ。それゆえ、この自由だけが真の自由、完全な自由、永遠なる自由である。そこでこの自由を持った者は貧困でも、病床にあっても、刑務所の中

でも、そして如何なる艱難と苦痛の中でも、また如何なる処遇や事情や環境の中でも絶対に拘束されることなく、少しも不自由を感じない。我々が心の中で拘束を受け自由でないのは、イエス様の御言葉のように、自分の中に罪があるからである。即ち、罪に拘束されているからである。ところが真理はわれらを罪から解放してくれるのである。そうして真理による解放、また真理による自由、それは絶対的である。それゆえ、これこそは人格の解放であり、同時に霊魂の自由の獲得である。その自由を得てこそ人間は初めて真に自由になり得るし、この自由だけが人間をして独立できる力を提供してくれるのである。

独立！ 聞くだけでも嬉しい知らせである。しかし、これはあたかも絶壁の真ん中にある不老草のようなものである。罪ある者には上からも下からも、これをとり得るどんな手段も技術も方法も許されない。それはただ罪なき者にのみ可能なことである。ところで、幸いなことに真理から来る自由を得て、罪より解放され奴隷の軛(くびき)を脱ぎ捨てた者は、この不老草を採ることができ、食べることもできる。

ああ、なんとこれは幸いなことだろうか。これはイエス様の御言葉に生き、イエスを信じてその弟子になり、彼に従うことによって真理を知り、その真理によって罪より解放されて自由を得た者だけが獲得することのできる特権であり、恵みである。解放と自由があるところにのみ、真の独立は可能である。

貴いかな、解放、自由、そして独立よ！

（一九四六・五、『霊断』第五号）

自主独立と白衣民族の使命

三千里の錦繍江山に生を享けた三千万白衣民族は神の格別なる恩恵と同時に、特殊な使命を受けた民である。格別な恩恵とは何か。二つあるのだが、その一つは物質であり、もう一つは精神である。

第一、物質的恩恵。まず、三千里の国土を見よ。北には白頭山、南には漢拏山、そうして中央には世界の名山である金剛山、はたまた地下金剛の虫東竜窟。そして東海岸には関東八景、西海岸には優れた港の数々、北には豊富な鉱脈、南には大型の広大な穀倉。鉱物としては金、銀、銅、鉄、重石、雲母などをはじめとして、金剛石を除いてはほとんど無いものはなく、穀物としては、米、麦、小豆、粟、黍などをはじめとして、あらゆる穀物、あらゆる果物があり、無いものがない。山は宝物の倉庫であり、土地は穀物の宝庫と言えそうだ。気候さえもすばらしく、南洋のように暑くなく、シベリアのように寒くもない。日本のように雨が多くもなく、満州のように風が強くもない。そうして英国のように霧深くもなく、ロシアのように夜が長くもない。美しきかな、この山野よ！　実に然り、この三千里の江山は三千万同胞が暮らすのに最も適当な所なのだ。否、むしろ食べて余り、着て余り、使って余りがあるほど、全てが豊富で、充足している。ああ！　祝福された国土、祝福された民よ。

次に三千万の民族を見よ。それこそ三千万がみな清く、壮健で、すらりと丈が高いだけでなく、男は純朴で正直であり、女は柔和で謙遜である。頭は明晰で体は丈夫、五千年の悠久の歴史と燦爛たる文化は、全世界と全人類を圧倒するではないか。新羅の彫刻と高麗の磁器は芸術を誇り、朝鮮のハングルは学会に輝いている。したがって如何なる科学も、如何なる技術もわが国のそれにはとうてい及ばないであろう。李舜臣の亀甲船も驚くべき発明品と言わざるを得ないし、世界オリンピック大会でマラソンの一着（孫基禎）と三着（南昇龍）も大した事実である。

第二、精神的恩恵。朝鮮の人々を白衣の民族と言うのだが、それには深い歴史がある。白衣を着ているということで白衣民族なのではなくて、朝鮮民族は本来白民と言う。はるかなる昔、自らを「パルク・アン」と呼んだ民があったのだが、これが即ち朝鮮民族の始めである。「パルク」とは神明を意味するので、「パルク・アン」は神明の子孫（または民族）という意味の言葉である。後に「パルク」を漢字で「ペク（白）」と言って朝鮮民族を「ペク・ミン（白民）」または「ペク・イン（白人）」と言ったのであって、即ち、神の子孫という意味である。

白民は思想が純粋で性格が純朴、良心が純潔であった。その性格と思想と精神（良心）の表現が衣服にまで表れ、いつか白衣を好むようになり、結局自他共に「白衣民族」と呼ぶようになったのである。白頭山、太白山、小白山、長白山、白岳山などの「白」はみな「朝鮮の魂」を表わしたものである。そうして朝鮮は昔から「東方礼儀の国」と呼ばれた。倫理、道徳、道義、人道を重んじたためである。忠孝は言うに及ばず、特に節操を尊崇した。高麗末の鄭圃隠、朝鮮初の成三問はさておき、歴代多くの忠臣がいたし、民間においても忠誠心の厚い人が多かった。孝を如何に貫く重んじたかは、一人の賤民の娘が、なお父のために生命を捧げた沈清（シムチョン）（訳註・李朝のハングル小説『沈清伝』の主人公孝行娘の代表）によってよく理解できようし、朝鮮の女性が古来より貞操を生命よりも大切にしてきたことは、一介の芸者である論介（ノンゲ）（訳註・李朝時代の妓生、文禄・慶長の役の時、節操を守って国に殉じた女性）の史蹟をみても充分推測できよう。

白衣民族は過剰すぎるほどに礼儀を厳守し、病的なまでに良心的である。性格、思想、精神、ひいては衣服までもただ「白」それだけである。「白いもの」以外は知らず、また知ろうとしないのが白衣民族の特性であり偉大な点である。中国は「青」であり、ソ連は「赤」で、日本は「黒」である。黒は野心を、赤は暴力を、青は懐疑を意味する。しかし「白民」は決して青も赤も、黒も欲せず、ただ「白」だけを喜びまた最も好む。野心ある者は侵略と略奪を常とし、暴力を持った者は独裁と強圧を喜び、疑う者は無誠意、無責任になる。しかし、白は即ち「純」を意味するのであって、純粋、純朴、純潔、純直などを保ち、また顕わすのである。

さあ、これでわが民族がどれだけ優秀であり、また祝福された民であるかを知ることができよう。物心両面において、この上ない神の格別なる恵みをいただいていることを充分認めざるをえない。そうであるならば、この民が与えられた使命もまた特殊であるに違いないのだが、それは一体何だろうか。簡潔に考えてみることにしよう。

わが民族は国土が狭いのに比して、その保有している資源の質が良好で量が豊富な点と、その地理的関係から常に周囲にある中国、ロシア、日本等外国の侵略を受けることがあるものの、民族性から見て他民族を害しようとしたことは考えたことすらなかった。

しかしながら、わが民族が長い間いろいろな形で艱難、苦痛、迫害、弾圧を受けたのは決して不幸なだけではない。それは明らかにこの民を錬磨し鞭撻して、最も輝き、価値のある意味深い使命を完成させようとする神の摂理なのである。そして、この民は野心がないので略奪や侵略を欲しない。これは道義的であることを意味する。次に暴力を喜ばないので、常に非暴力と無抵抗を旨としている。このことは平和的であることを意味する。最後に、疑うことがないので全てのことに真実である。したがって自給自足の力を持っている。これは独立的であることを表わしているのである。それゆえ、道義と平和と独立はこの国民の民族性の三要素であると同時に、それは明らかにこの民に任せられた使命であるのだ。

ところで、白衣民族はこれまで愛と平和についてはある程度まで使命を達成したと言っても過言ではないかも知れない。しかし、唯一独立に対しては全く「無」だと言ってもよいと考える。しかしながら、今や時が到来した。即ち、独立の機会がやってきたのだ。今こそはわが民族は全てのことをさておいても、唯一独立だけは完成しなければならない。これは我々白衣民族に負わされた、残っている唯一の使命である。この使命を完遂するため全てを犠牲にし、それが何であろうと、全てを捧げなければならない。三千万同胞はひたすらにこの使命を成就するため、最後の一瞬に至るまで、最後の一刻まで最善を尽くし、また最大の努力を捧げるべきである。さあ！ 独立への戦い、我々の前には唯一この道のみが残っている。前進しよう。独立は我々を待っているのだから、早く疾走しよう！

しかし、我々は最後に、独立とは何かを考えなければならない。他人に依存せず自力で立つのが独立である。それゆえ、信託統治されるとか後見とかいうのは決して独立ではない。そうして独立は形式よりも精神がより貴い。独立の精神なしに形式だけの独立は、それは真の独立に対する妨げと害毒を及ぼすのみである。それゆえ、我々は先ず精神の独立が必要であり、また精神の独立は信仰によってのみ来るものなので、我々は先ず確固たる信仰の上に独立を打ち立てなければならない。信仰の上に立てた精神的独立のみが真の最も完全な、また永遠なる独立である。それゆえ、我々は独立の順序を忘れてはならない。実は精神的独立のあるところに、必ず外形的な独立もついてくるからである。

（一九四六・七、『霊断』第七号）

信仰と愛国心

今から十数年前のことである。いわゆる「聖書朝鮮事件」により検挙の嵐に巻きこまれて、私は生まれて初めて警察署の留置場と刑務所の監房を見物した。「どうして独立運動をしたか」と聞き糺(ただ)す刑事に、「私は民族思想もなければ独立運動をしたこともない」と答えたら、刑事は「自分が感づいていないほどにお前は悪質なんだ」と脅すのであった。

事実如何はわからないし別問題であるけれども、私はそのような言葉を聞いたことは初めてなので、非常に面喰らってしまった。刑事は脅し威嚇する意味で言ったのであり、私がそのような真摯な独立運動をしたり、民族思想を持っていないのは勿論である。しかし、ただ自分が感じても覚えてもいないことを事実だと決めつける言葉に対して、私は驚きかつ学ぶところが大きかった。なぜならばイエス様が「右手がすることを左手がわからないようにしなさい」（マタイ六・三）と言われた御言葉の意味を、より深く正しく理解できたからである。何事においてもそうであるが、特に見えないものや（信仰、愛のようなもの）貴重なものであるほど、それは事実ではないいか。

ところで、私はいまだ信仰も愛もよく理解できないでいる。それでも信仰については多少推察できるのだが、愛は全くわかっていない。特に信仰と愛は二つでありながら二つでなくて一つであるということに対しては、本当に理解に苦しんでいる。真の信仰には必ず真の愛が伴い、信仰から生れたのではない愛はほとんどうわべだけか、あるいは偽善であることだけは間違いないのだから、問題は深刻である。

旧約において、モーセをはじめとする全ての預言者たちを見るがよい。彼らの燃え上がる愛国心は、果たして信仰なしにあり得ただろうか。新約におけるイエス様の場合は言うまでもないことだが、全ての聖徒たちの熱い愛国心を信仰と切り離して考えることができるだろうか。パウロを異邦人の使徒だという。しかし彼の異邦伝道は果たして異邦人のためか、自分の同胞の救いのためだったのか疑問が起こるほどである（ローマ九章より十一章まで読んでみればわかる）。しかしながら、真の愛国心は決して頑固な態度や偏狭なものではない。いわゆる民族主義とか国粋主義などというものは決して真正の愛国ではない。かえって国を亡ぼしやすい。

ローマ書八章は信仰の絶頂である。ところが九章は愛国の深淵である。しかし、八章の信仰がなければ九章の愛国心が生まれることはできないのである。それゆえ、真の愛国者は信者の中にだけあるのである。信仰のない者、神を知らない者に愛国心を期待することはできない。神の愛に溢れんばかりになり、迫られて、全ての人（全人類）を愛さずにはいられない、その熱い愛によって、国家と同胞を愛することが真正なる愛国心である。恥ずかしいことながら、私は今になってはじめて金教臣、安鶴洙の信仰と生涯から、彼らの愛国心を伺い知って感激するのである。

（一九五六・二、『聖書人生』第九号）

真正(まこと)なる三・一精神

三・一（訳註・一九一九年三月一日に起こった独立運動）精神とは何か。精神とは言葉や形式ではなくて、心であり、生きた生命である。かけ声や標語、または儀式や行事だけで何ができようか。

「想起しよう三・一精神」、「三・一精神を戴こう」という。しかし、一体三・一精神とは如何なるものであるのか。言うまでもなく、三・一精神は精神である。三・一精神とは何か。否、三・一精神はどうして起きたのか。自由と独立を取り戻すためである。しかしながら自由は放縦ではないし、独立は利己主義ではない。真正なる自由は互いに愛し助け合うことにあるし、独立は融和団結にのみあるのである。ところが今日の韓国が直面する現実はどうであろうか。じっと凝視してみよう。この罪悪相と貧困相を！

まさに言語道断であり、見るに忍びないではないか。

韓国にも政治と教育と宗教がないわけではない。しかし、全ては党派の争いでなければ暴利に汲々としているだけで、国家民族のためのことは見い出しにくい現状とあっては、今さら誰に文句をつけ非難しえようか。我々は彼我(ひが)を問わず責任転嫁をしてはならない。政府は国民のために、国民は国家のために、与党も野党もただ国家民族のために力を注ぐことこそ、なすべきことではないか。政治はもちろんのこと、教育も宗教もまたそうあらねばならない。

しかし、韓国の実情はどうか。「三・一精神」即ち三・一運動は、もちろん一個人、一政党または一つの団体のためのものではない。政治人も勤労大衆も富豪も貧者も、老若男女の区別なく、都市や村落の差異があるはずはない。そうなるためにはまず、事大思想と依存心を捨てねばならない。外国の軍事力や援助物資によってのみ暮そうとする、卑屈で愚かな間違った考えと精神から脱皮し、一日も早く自力更生し自給自足する高貴で明哲な精神と生活がない限り、自由も独立もありえないのである。

それゆえ、我々は各自が実力を養成し、各々が自分の責任を果たさなければならない。国家と民族を離れてどこに三・一精神があり、自由と独立があるのか。

我々はソ連の共産主義を恐れたり、日本の侵略精神に怖じけづくことはない。実は我々自身が皆小我に死に大我に生きさえすれば、デンマークを、スイスを、米国を、英国を、羨ましがることは少しもない。要は我々の良心と人格如何にかかっているのである。日本に勝ちソ連を退けるには、ただ実力しかない。全ての虚偽と虚飾を捨てて、虚栄と欺瞞を遠のけ、ただただ真実一路に邁進するしかない。三・一精神は行事にあるのでなくて、ただ実践励行によってのみ活きるのであり、それによって成就すべきものである。

（一九五八・三、『聖書人生』第三三号）

愛国者は誰か

私は政治を知らないし、知りたくもない。したがって関心など持たないけれども、持とうにも持ち得る環境でもない。しかし、わが国の場合は、国民全体が政治に関心を持たざるを得ない、または持たなくてはいけない状況なのだから、どんなにか不幸なことだろう。

昔や日帝時代のことはさておき、解放後の二十年間だけを考えて見ても、うんざりさせられるのが率直な気持ちである。不幸にも我々はこの二十年間に政治家、否、真の愛国者をたった一人も見たことがないのではないか。彼らは政治をあたかも不義、不正、不法の手段でもあるかのように考えているような気がするのだから、なんということだろう。

わが国では政治とは泥棒、博打（ばくち）、詐欺、横領、いかさまを連想させる程度を越えて、それ自体がずばり強盗や与太者、賭博屋、詐欺師、ペテン師に通じているのではないか。

だから国民全体が政治に関心を持つのはいうまでもなく、ついには君も我もが政治家にならざるをえない、心寒い現状ではないか。とにかく私のような者までも政治に心を傾けざるを得ない状況なのだから、また何をか言わんやである。

しかし、私は政治を云々したくもないし、語る立場でもないのだから、今から私は政治を語ろうとするのではなく、元々今のわが国に果たして真の愛国者がいるのかどうか、という疑問を持たざるをえないということを語ろうとするに過ぎない。

我が国の場合与野党を問わず、いわゆる政治をしているという人の中に、本当に国と民族を愛する愛国者がはたして何人いるのか疑問を持たざるを得ないのが実情なのだから、なんともどかしいことではないだろうか。もちろん為政者や与党だからといって、必ずしも非愛国者だということはできない。しかし、政権を握るとか与党になると、無意識の中に権力を振るうことになるし、政権と物質に対して欲が出て、純粋な愛国心すなわち国や民族のためにのみ考え、行動することから離脱するのが一般のようである。

しかし、野党の立場に立つ場合にはどうだろうか。野党であるからある程度は国と民族のために考え行動することになると考えるのが普通であり、自然であろう。しかし、わが国の場合はどうだろう。一度政権を握った者は、旧悪よりも新悪は何倍も甚だしく、その醜態はあまりにも汚くて見るに忍びないという非難を受けるかと思えば、いわゆる野党に属した人士たちは、どうしてでも今の政権さえ打倒すればよいかのように、否、そのことが野党の使命でもあるかのように考え、行動するように見えるだけであり、そのように認識されているのは何とも残念なことである。

このように、韓国人は政治を虚偽捏造と権謀術数とだけ考えるくらい、それだけ政治が堕落し、悪化しているのだから、また何をか言わんやである。しかしそれは、明らかに軌道から外れている事柄であって、決して政治の本領ではないはずである。政治も人間のすることである。その人間とは真実、正直、すなわち人格と良心によって生きねばならない存在なのであって、結局政治にたずさわる人も、人格と良心により真実で正直でなければならないことは多言を要しないし、真実と正直で事に当たるならば、真実な政治ができないはずはないし、できることを歴史がそれを証明している。

それ故、政治が不必要だとか悪いものではないということは勿論であり、また政治家のみが悪いとか偽り者である、というのでもないことを我々は知るべきである。政治家が堕落し悪くなっているのは、結局国民全体が堕落し悪くなっていることを証明しているに過ぎない。

したがって、政治だけではなく教育も宗教も同じであることを心に銘ずべきである。それゆえ、私は政治家は勿論のこと、教育者や宗教家にも決して希望を持ちたくないし、持つことができない。考えてみると、実は組織や制度としての政治や教育や宗教などが何かをなし得るのでは決してない。生きた人間、真の人間がたずさわってこそ政治も教育も宗教もその本来の役割を発揮できるし、また生かすことができるからである。

私は人生を悲観し、この世に対して楽観するのみである。しかし違う。生きる道はある。希望は残されている。それは神が生きておられるからである。そうしてイエス様は十字架に架けられて鮮血を流し、救いと永遠の生命の道を開き給うた。イエスを信じ神に従ってのみ、真の政治も可能なのである。結局、本当に神を信じイエスに従うことのみが愛国の道である。与党、野党とは何物ぞ。まず愛国者になって欲しい。さもあらずして如何なる政治か。

（一九六五・六、『聖書信仰』、第一〇号）

三千万は懺悔しよう！

元来、この世に対して私は大きな期待を持ちはしなかったけれども、だからといって全く見切りをつけているわけでもなかった。ところが今度（註・一九六七年）の五・三選挙、わけても六・八選挙を見てからは、ただ呆れたという感じである。

私が一言言いたいことがあるとすれば、少なくともいわゆる民主国家であるならば、まず何よりも選挙が正しく行われなければならないと思う。選挙が正しくなされない、あるいは純粋でない場合は、その他の全てがうまく行っているとしても、それは信用できなことである。文明とか文化とか、進歩とか発展とか、あるいはいくら近代化を叫んだとしても、選挙が間違っているなら、即ち不正腐敗に彩られているとすれば、他の全ての事は絵空事であり、欺瞞である。したがって、全ては無用になってしまう。なぜならば民主国家においては選挙が、否、選挙だけが全ての土台であり、基盤であるからである。選挙がまともに行われ、正しく純粋であれば、民主国家は真に磐石であるけれども、もしそうでなくて虚偽で歪（ゆが）められ不純であれば、それは間違いなく砂上の楼閣に等しいからである。たとえ材料がしっかりしておらず、技術が足りなくても、基礎さえ丈夫になっていれば建て直すこともできようが、逆に、いくら材料が立派で技術が成熟していても、土台が弱ければ全く希望を持てないからである（マタイ七・二四〜二七）。

ああ！　悲しいかな、わが祖国よ！

国家や社会の主人は人間であり、人間の主人は良心または人格である。良心と人格がその本質から外れていたり違うのは偽りであり、不正腐敗である。しかし、今になって誰それをなじったり抗議をする考えは全くないし、実はそうする必要も感じない。事は誰それが優るとか劣るとかを言うそんな程度でなくて、三千万民族全員の責任なのだから、総懺悔をせねばならないと信じるのみである。今になってもまだ是々非々を論ずる心情や、弁明や隠蔽を事とするなどの心の状態から逃れられないくらいならば、それこそ悲しく不幸と言う外ない。与党の横暴と野党の人身攻撃は等しく不義であり罪悪なのだ。現実参与、社会参与、甚だしくは政治参与などといって騒ぎ立てるけれども、実は何よりも真実（真）、誠意（善）、熱心（愛）を尽くして神の前に服従しながら、人はお互い相和し協調することのみが信じる者のなすべきことであろう。

私は六・八選挙を経て、あまりにも呆れてしまい、ただ茫然とするだけである。しかしどうするのか！

これが現実（事実）であり、我々（自分）の水準なのだから！　残るは三千万の総懺悔と福音戦線の拡張と死守のみである。同胞よ！　韓国にはたして真の福音、生ける真理の十字架の道はあるのだろうか。

（一九六七・七、『聖書信愛』、第三号、通巻一一三号）

ああ！　わが祖国よ

私は三年前、解放後初めて日本を訪れた。聞いてはいたが、はたせるかな、全ての面において驚いた。工業の発達を始めとして、一切が私の想像以上であることはもちろんのこと、あまりにも立派で、感嘆というよりはただ茫然とするだけだった。

一つ例をあげれば、テレビの場合、都市はもちろんのこと農村や山間僻地まで、アンテナのない所はほとんどないくらいであった。アパートの屋根の上はアンテナで一杯になっていて、面喰らうほどに雑然としていた。

また、交通機関においても、電車、バス、タクシー、自家用自動車などはいうまでもないし、高速鉄道、地下鉄道、自動車専用の高速道路、そしてモノレール（片輪電車）に至るまで、全く気が遠くなるほどだった。また、かなりの都市は飛行機で結ばれていた。東京から大阪に至る新幹線鉄道は世界でも有名な乗り物だという。

私も一度乗ってみたが、その乗り心地はなんとも形容しがたく、ただ新奇な感じだった。五百五十二・六キロを三時間で走ると言えば、我々としては理解しにくい。近い将来一時間半に短縮され、また下関まで延長されるという。

今年の夏に訪日した盧平久兄の話によれば、もっと驚くべきことが多い。例えば時計、ラジオ、カメラなどは欧米各国の製品を凌駕するというのだから、もう何も言うべきことはないのではないか。日本経済の高度成長は、第二次大戦後における世界の奇跡の中の一つなのかも知れない。要は物質文明の高度発達である。

しかし、わが国も解放後、特に軍事政権後は全ての面で大変進歩、発達、向上したのは事実である。「祖国近代化」を信仰しているほどだから、推測できるだろうし、日々増えていく高層建築物と道路の拡張、陸橋と地下道、交差路など、なるほど目まぐるしいほどの発展と言っても言い過ぎではない。

ところで、人生問題は決して経済や物質だけではとうてい解決できないことは、歴史が証明していることである。そうして人間は、物質文明だけでは絶対に満足と幸せを感じることができないのも事実である。これが問題である。

人心は日増しに悪化の一途をたどっているし、道義や倫理などは真っ向から度外視され、恐ろしい暗黒世界になっていくのをどうすべきか。奢侈（しゃし）と享楽に流れているだけなのをどうすればよいか。ただ飲み喰い歌い踊る現代人の将来が危険であるだけである。

このような時において、いわゆる政治家たちは一体何をしているのだろうか。多数を武器にして傍若無人に独走しようとする与党の議員たちと、頑固で、地位の争いにだけ血眼になっている野党の議員たちよ！　今、わが国は国家存亡の一触即発の状態にあることを諸賢は知っているはずなのに、一体何をしているのか。

わが国の現状は亡国の兆しなのか、あるいはその結果なのか。ああ！

しかし私は一縷の望みを将来にかけて、政治人たちに訴えたい。選挙後百日が経った今日においては、もっと理性を整えて冷徹で真摯な態度で国に尽くし、塗炭の苦しみに陥っている国民を考えて、互いに頑なにならず、雅量を見せて一日も早く和解し、倒れかけている祖国を甦らせることに心と力を尽くしてくれることを切に願ってやまない。ああ！　わが愛する祖国よ！　汝は一体何処へ向かって歩んでいるのか。

（一九六七・九、『聖書信愛』第五号、通巻一一五号）

統一を願う心

我々は今や解放二十二周年を迎える。しかし、解放とともに南北に分断された国土は、未だに統一を成し遂げられないでいる。それだけか。今はもう南も北も他国のように、またはお互いが独立国家ででもあるかのように考えたり、さもなければ、統一問題は我々の力ではどうしようもないことであるかのように諦めているのかも知れない。しかし、はたしてそれでよいのだろうか。決してそうではない。とんでもない事である。早く南北が一つにならねばならない。一日も早く統一国家を成就させねばならない。

しかし私は今、決して政治問題を言っているのではない。また経済問題を論じているのでもない。なぜならば、私は国土の統一や経済復興を企てる前に、一人のキリスト者としてわが民族に問いかけ、わが同胞に愛をもって対しようとする心でいっぱいであるだけである。そのために、わが南韓の同胞は固く堅く団結して統一を成就しようというのである。

政治家は正しく真の政治によって国民生活の安定（または保障）を成し、経済界は経済の復興によって特殊な階級を作らず、教育者は学問にのみ偏ることなく先ず人格と良心を養う道義教育に力を入れて、正義に立脚しを真理を愛し殉じる人間を輩出すべきであり、宗教家は宗教の力を発動して、仏教は慈悲によって、キリスト教は愛によって隣人を愛し弱者を助け、敵を赦して世界の平和に寄与すべきである。

そうして、農民は農業で、商人は商売で、各々国に寄与することに努力すべきである。

このようにすれば、そうだ、このようにさえできるならば、神を否定し道義を踏みにじり全く自由のない北韓の同胞たちも、必ずや生命をかけて三十八度線を越南または南下することを渇望するようになるはずである。そうするうちに、一方では郵便物の往来もし、文化の交流もできるようになるのではないだろうか。問題は実力にある。また信念にある。それゆえ私はあえて申しあげたい。こういったことはまずキリスト者が先導せねばならず、またキリスト者だけが成し得ることに違いないと。

キリスト者は全能の神を信じる。真の信仰、生ける信仰はこういったことを充分なし得てあまりあることと思う。これができなくて怖じけづいたり躊躇するのは信仰ではないし、信仰のない証拠である。結局神を知らない、または神がない証拠である。韓国のキリスト者たちよ！　南北の統一のために総決起しよう。信じて祈ろう、祈りによって心を合わせよう。福音は力なのだから、歩調をあわせて前進しよう。

（一九六七・八、『聖書信愛』、第四号、通巻一一四号）

わたしは大韓の子である

日本の内村は「わたしは二つのJを愛する。一つのJはJesusであり、もう一つのJはJapanである」と言った。韓国の金教臣は「聖書を朝鮮に、朝鮮を聖書の上に！」と叫んだ。彼らは皆良い意味での愛国者であった。

金教臣は初めは内村の信仰以上に彼の愛国心を尊敬し、手本にしようとした。しかしながら、真にして正しい、そして徹底した愛国心は、キリスト教信仰によってのみ湧き出ることを悟ることになった金教臣は、より深くて高い愛国心を持つために、内村の信仰を熱心に学びかつ手本にしたのであった。そこで、金教臣は内村の「二つのJ」の意味を知ることになるや、金自身も「二つのC」を愛することになったのである。即ち「ChristとCorea」である。結局金教臣が「聖書を朝鮮に、朝鮮を聖書の上に！」としたのは正にそれであったのだ。

私は内村の晩年に彼の弟子達の末席を汚した者であり、金教臣の親友の一人であることを光栄に思い、心の中で深く誇る者である。しかし私は恥ずかしくも、否、むしろ不幸にも、わが祖国を愛することを知らないのだから、寒心に堪えないことである。それはまさに私が神の子救世主イエス・キリストを知らないからではないかと、ひそかに恐れる。

私は内村や金教臣のように、高く深く徹底した愛国心を持てないことを常に恥じ入り、苦しみ悲しんだ。

ところが、そのような私は近ごろことさらに「私は大韓民国人であることを大きく誇りたい」という思いが胸中深く沸き上がるとともに、何か大変幸せな感じに包まれるようになった。その理由は「私がもし同じく韓国人であっても三十八度線の以北で生まれていたならば、どうなっているだろうか」という考えが起こるや、身震いするからであった。北の地は共産党がわが物にしてしまったからである。同じ祖国の大地を、「北傀」と呼ぶことになった悲哀を骨身にしみて痛感しているからである。彼らは今、盛んに戦争の準備に熱中しているのだという。戦争自体が最大の罪悪であることは言うまでもないことだが、特に、同胞である南韓を侵犯して占領しようとする凶計だというのだから、ただ当惑するのみである。ところで、過日の李承晩大統領がいつものように「北進統一」を叫んだので、大変不安であった。それは「武力統一」を意味するからである。もちろん、一九五〇年に北から共産党が南侵したことを憤ったあまりの復讐心から出た言葉か考えであろうが、それでも私は常に危険性を感じてきた。

ああ！　あの恐ろしい六・二五動乱（訳註・朝鮮戦争のこと）を考えてみただけでも身震いがする。しかし、今のわが政府は「北進統一」つまり「武力統一」を先に急がないのに、上述したように「北傀」の共産党は虎視眈々と日増しに南侵のため躍起になっているのを知っているが、わが国の政府と国民は一致団結して「北傀」のような悪意に満ちた戦争の挑発などをせず、決して愚かな「武力統一」などを企てず、多少テンポは遅くても（もちろん耐えるのは難しいことではあるけれども）正々堂々と国連の監視の下に南北の総選挙をするその日の到来を首を長くして待ちつつ、全能者に切に求め哀願すべきである。これが立派で文化人らしいやり方であり、真に国を愛し、同胞同族を愛する聖なる方法にほかならないからである。

この事を思う時、私はどれほど嬉しく感謝と満足を感じているかわからない。そこで私はあえて「わたしは大韓の子である」と叫び、誇りたい気持ちである。愛する同胞よ兄弟よ、一日も早く南北の統一の日の到来を願い、そのために全心全力を尽くそう。我々は幼児のような、否、禽獣のような真似はしてはならない。我々は決して同胞に向かって銃剣を先に執る事はしてはならないのだ。

（一九六九・一、『聖書信愛』、第一二九号）

真の解放と真の喜び

いつのまにか八月が来た。八月といえば解放の喜びを新たにする月であるが、早くも三十三回目の記念日を迎えることになった。三十三年といえばかなりの長い年月ではあるが、しかし、どうしてその日の歓喜を忘れられようか。日帝時代の三十六年間はあまりにも長くてあきあきしたのだが、解放後の三十三年間はあっという間に去ってしまったのだから、人間の心というものは不思議なものである。

私は夢のように過ぎ去った三十三年間を顧みようと思う。国土の分断と民族の分裂、その後を追った六・二五動乱、四・一九義挙（訳註・一九六〇年四月十九日の学生革命）と自由党政権の没落、それに続く五・一六革命（訳註・一九六一年五月一六日の軍事革命）等々。次にセマウル運動（訳註・一九七〇年代前半に行われた新しい村づくりのための地域社会開発運動）による経済成長、それも燎原の火のように制し難い勢いで広がっているではないか。国民は挙って歓呼の声をあげ、意気揚々としているが、はたしてこれは当然のこととすべきか、さもなければ悲しむべきことなのか。

不信の、一般人だけの場合ならいざ知らず、それも不幸なことに違いないと思うのだが、ましてや、いわゆるイエス様に従う大部分の信者たち（指導者、教職者たち）までが、ほとんどが物質にのみこだわっていて、一切の真理を等閑にするというよりはむしろ知らぬふりをして、それでよいのだろうか。違う。全く違うのだ。その結果はそれ自体が神の審判なのだ。最近起こった事だけでも、幾つかを探ってみよう。

アパートの特恵分譲事件、教師資格証の不正発給事件、某大学教授の自殺事件、甚だしくは某政党所属の国会議員の○○事件等々、枚挙にいとまがない。それも元をただせば氷山の一角であり、こういったことは決して不信者たちだけのことではない。信者もまた大同小異であり、時にはより悪質な事件まであるという噂なのだから、唖然とする。

ここで我々は主の御言葉に耳を傾けてみよう。

人はパンだけで生きるものではなく、神の口から出る一つ一つの言で生きるものである

（マタイ四・四）

または、

何を食べようか、何を飲もうか、あるいは何を着ようかと言って思いわずらうな……。まず神の国と神の義を求めなさい。そうすればこれらのものは、すべて添えて与えられるであろう

（マタイ六・三一、三三）

と言われたことに、どうして知らぬふりができようか。

それゆえ、もちろん不信者も問題だろうけれども、

まず信者だけでも悔い改めて本来の姿に帰ろう。主は扉の外に立たれて（心の扉を）叩かれる（黙示録三・二〇）。主の胸に抱かれてのみ、我々の霊魂は（肉体までも）罪から完全に解放される。それは政治、経済、文化等々からの解放ではなく、ただ罪悪（物質）からの解放、これだけが心の解放であり完全にして永遠なる解放である（一テモテ六・二〇）。これ以上の喜びと感謝と満足がどこにあろうか。

（一九七八・八、『聖書信愛』、通巻二三九号）

経済成長の結果

昔からわが国はあまりにも貧しかった。色々な原因と理由があっただろうが、その中でも最も大きな原因は、多くの人々が怠惰だったからではないかと私は思っている。

昔は大体において、両班（訳註・高麗・朝鮮王朝時代特権的な身分階層）と常人（訳註・一般民衆のこと）の階級意識がすごく甚だしかった。役人の子孫やあるいはその一家や親戚、そして、もちろん官職にありついた本人は無条件に両班である。一方、祖先の時代より代々官職にありつけず、賤しみと無視の中にあった人は、常民（訳註・普通の人）という社会的な意味がますます格下げされて、特に、朝鮮王朝の中葉以降は大変差別が甚だしくなり、結局完全に「上典」（訳註・奴婢に対して、主人のこと）と「下人」に区別されてしまった。したがって両班は、権勢をほしいままに、さまざまな横暴と暴悪を働きながら、無慈悲以上の残忍さで常人を蔑視虐待した。そこで常人階級を常民とも言わず、「常奴（サンノム）」と呼んだりして、人権の無視はもちろんのこと財産までも巻き上げ略奪した。それだけではない。そのような悪習をお互いが当然のことでもあるかのように思っていたのだから、何ということだろう。

何よりも私自身がそこを、疑問は持ちながらも勿論同情もしながらも、下人を無視し、歳が十を過ぎるまで、彼らの背中におんぶされて外出などをしたことを今も記憶しているほどである。

ところがその時、ちょうど「衡平運動（訳註・身分差別を批判する運動）」という社会運動が起きた。賤民たち、わけても白丁（ペクチョン）（訳註・屠殺などにたずさわっているもっとも低い階級）たちが、社会的な差別をなくせという社会運動を起こしたのである。当然なことなのに、両班たちは呆気（あっけ）にとられて茫然とし、常人たちさえも何か大事でも起こったかのように騒然として落ち着かなかったのだから、不思議な話である。

このような状態だったので、両班も常人もみな怠惰に陥るしかなかった。両班は常人を脅して物を巻き上げ、常人はどうせ奪われるに決まっているからと、両方がみな怠けてしまうのであった。両班では巻き上げることを「収奪行為」と言い、これができなければ、決して両班入りもさせてもらえなかったのだから、酷いものである。こんなことをしていながら、両班も常人も皆一様に苦しみも悲しみも恥ずかしさも感じなかったのだから！

こんな状態なので、国民は上下を問わず貧困にさいなまれ、縮みこんで暮らしたのだから、うんざりするほど貧しい状態なのであった。これに加うるに、弱り目に祟り目と言おうか、三十六年間の植民地の人民としての辛酸をなめたのだった。そこへ解放を迎えたのだから、どんなに喜んだことか。しかし依然として貧困だけは免れなかったところ、革命政府ができて豊かな暮らしを目標にセマウル運動を展開したから、一瞬にして燎原（りょうげん）の火のように南韓一帯がこれに巻き込まれたのは決して無理からぬことだった。何年か前までは日本の経済成長を羨んだけれども、今は日本はおろかヨーロッパもアメリカも羨むことはないといっても、誰が異議を挟もうか。

　ソウルをはじめとして、都市ごとにアパートがここかしこに聳え立ち、高層ビルが立ち並んでいるのだから、今は「貧困よ、さようなら！」という気持ちは私だけの偏見ではないような気がする。しかし今でも貧富間の格差は大きく、それこそ残念で遺憾と言うよりは、実に悲しくて恨めしいと言うしかない。どうしてかと問わずに、まず目を見張って詳しく見るがよい。

　あの無知蒙昧な者たちの世間知らずの幼稚な行動を！　彼らの欲心と嫉妬心は詐欺と偽り、そうして結局は窃盗や強盗、殺人までも常に考え、むしろそのようなことができなければ、頭から阿呆、間抜け扱いをされるのだから、一体なんという世の中になったのだろう。この恐ろしい不条理と、限りなく広まっていく悪の風潮を誰が防ぐことができようか。

　これまでにも、いくらでも恐ろしく身震いすることはあったけれども、今度の骨董品商の夫婦と運転手まで三人を一緒に殺して庭に埋めて百日間も生きてきた、厚かましくて勇敢な犯人の男を、誰がどのように処理するのか、気が遠くなるばかりである！

ああ！　恐ろしい。体が震えるではないか。しかし人々は皆、この世は良くなっていくと言いながら、文明とか進歩とか向上とか言っているのにもかかわらず、私（だけ！）は最早ずっと以前から、なぜか知らないがただ地獄に住んでいるような感じだった。

　今こそ世の中をはっきりと生地獄だと断定したい

のだが、はたしてこれは私の錯覚だろうか、さもなければ亡霊の仕業（しわざ）だろうか。私にはわからない。

しかし、使徒パウロは少しもためらわず堂々と語った。「お金を愛するのは全ての悪の根である」（テモテ六・一〇）と。なんと的を射た叫びだろうか。お金を愛すればどんな罪も躊躇なく犯すのだから。それでもおまえはお金、お金と言うつもりか。そうならば、私はお金しか知らない地獄で暮しているのだ！

（一九七九・一〇、『聖書信愛』、第二五三号）

第四部　師友

恩師内村鑑三先生

一九三〇年三月二十八日！　この日の朝、八時五十一分、わが恩師内村鑑三先生は地上の生活を古稀（七十歳）で終えられて、彼が生涯思慕し憧憬した栄光の国、永遠の楽園なる天国に向かって旅立たれた。私は先に「大阪朝日」新聞を通じてこの悲報を知った（当時、私は忠北の南端で秋風嶺の北側の麓にあたるファンガンの谷間で、水車小屋の守り役をしていた）。以前よりご病気（心臓病）で苦しんでおられることは既に知っていたし、お齢なのだから安心はしていなかったのも事実であったが、この初報に接した時には信じられない気持ちであった。いくら信用できる新聞の報道だとはいえ半信半疑だったが、その後続けざまに新聞や雑誌などを通じて先生のご逝去についての詳報に接してからは、もう疑いの余地がなくなってしまった。

ああ！　わが恩師内村鑑三先生は本当にこの世を去られた。ああ！　悲しきかな！

内村鑑三！　彼は私の恩師である。私の精神が狂わない限り、あるいは私がこの世を去るまでは、彼は決して私の記憶より去り得ない存在である。私は満二ヵ年半の間、直接彼に師事したのだが、今内村鑑三先生を追憶するに当たり、まず先生自身に対して、私が見たありのままのことを綴って見ようと思う。そうして次には内村先生と私自身の関係について多少書こうかと思う。

私が見た内村鑑三先生

内村鑑三と言えば日本においては勿論のこと、朝鮮においても彼の名前をまたは彼自身を知っている者は少なくない。そして国の内外の識者の間では言うまでもないが、一般の人は老若男女を問わず彼をよく知っているくらい、彼の名は世間に広く知れわたっている。学者として、キリスト教の教師として、思想家として、宗教家として、日本のキリスト教の開拓者として、無教会主義の創始者として、また国賊として、愛国者として（大変大きな矛盾であるが事実である）、夢見る者として、あるいは預言者として、甚だしくは外国宣教師の排斥者として、または米国を忌み嫌う者として、その他色々な名前で世は彼を呼んだ。

彼がこの世の中で呼ばれたこのような種々多様な名称が当たっているのかどうかを、私は全く知らない。しかし彼が学者であり、キリスト教の教師であり、思想家であり、宗教家であり、日本におけるキリスト教の開拓者であり、無教会主義の創始者であり、国賊の汚名を受けた者であり　愛国者（彼は真正の意味での愛国者であった）であり、夢見る人、預言者、外国宣教師の排斥者　アメリカへの忌嫌者、その他にもさまざまな呼称で彼を呼んで間違いのない方であることは、浅薄な私としても認識できる事実である。しかし、私はこれらすべてのことに対して一々説明するつもりはない。また私としてできる業でもない。

ただ、私は、偉大な彼を見て直感した一端について語ろうと思う。しかしただ一端といっても、私の直感が、あるいは観察が間違いないと断言はできないのは勿論、かえって彼の偉大さを汚すのではないかと危惧してやまない。しかし、その小人の眼に映ったありのままの偉人を描いてみるのも、まんざら無用なことではないという自信（無用な自信なのかも知れないけれども）を以て筆を執る次第である。

内村鑑三！　彼は何と言おうとただ義の人であっ

た。これが私が見た内村先生であり、また私が彼を言い表すことのできる唯一の言葉である。

いにしえの人は言う、「義人はいない、ひとりもいない」(ローマ三・一〇)と。そして、私は甚だしく偏狭な人間であり、大変愚劣な者である。したがって私は他人の眼にある塵は見ながらも、わが眼の中の梁は悟れないので、常に他人の短所と欠点をあまりにもよく指摘する者であることを免れないでいる。しかし、そういう私が、内村先生を見て「彼は義人である」と言ったのだから、これがどうして先生に対する適切な批評だと言えよう。決してそうではない。そして、私は多少とも先生だけを高く見ようとは思わない。事実私は先生の色々な偉大な点よりは、小さな欠点をよく知っている。しかし、それでも内村先生は義人そのものであった。私は義人という言葉の真義をよく知らない。もしも言語の学問的意味を明白に知らなければ語る資格がないとするならば、私は言葉の一言一句を口外する資格が少しもない者であることを告白する。しかしいくら学問的には間違っており、この世の中で適用できるかどうかわからないけれども、少なくとも聖書的に見た場合は、内村先生を「彼は義人である」と評して決して過言ではないと思う。

それではキリスト教で言う義人とは如何なる人かと言えば、それは決して道徳と倫理に照らして完全無欠で円満無欠な人を意味しない。もしそのような人だけを義人と言うならば、おそらく内村先生は義人ではないかも知れない。もちろん彼は倫理や道徳を以てしても、他人に引けをとらないであろう。しかし私が言い、聖書が意味する義人はこれとは種類が違う。キリスト教ではこのような人を決して義人とは言わない。

我々は聖書で「アブラハムは主を信じた。主はこれを彼の義と認められた」(創世記一五・六、ローマ四・三、九、ガラテヤ三・六）という御言葉を学んだ。ここで我々は聖書的に見て、真の義人はどういうものであるかを容易に知ることができる。我々の先祖アブラハムはエホバを信じた。神を信じた。神はその信仰を義と認められた。言い換えれば、アブラハムが神を信じたので、その信仰の故に神はアブラハムを義人と呼ばれたのである。そしたら、アブラハムは信仰の故に義人になったのだ。だから信仰を持った者は義なる人であり、逆に言えば、義なる人が信仰を持っているに違いないことは再言を要しない。それゆえ「義人はその信仰によって生きる」（ハバクク二・四、ローマ一・一七、ガラテヤ三・一一）と言ったのである。

内村先生が道徳と律法の人なのかどうか、それはわからない。しかし彼は確実に信仰の人であった。それゆえ、彼はまた確実に義人であったに違いない。なぜならば、彼はアブラハムが信じたエホバを信じたから、アブラハムの信仰を義と認められた神は、必ず彼の信仰も義と認められることは疑いの余地がない。それでは、神が義と印を捺された者を、神の被造物なる人間として、誰があえて彼を義でないと言えようか。まことに内村鑑三先生は真の義人であった。したがって、彼が真の信仰の持ち主であったということを肯定することは決して無理ではない。

信仰！　どれだけ貴い宝であるだろうか。わが恩師内村先生はこの貴い宝である信仰を十六歳以後、世を去る瞬間まで持ち続けた。はたして彼のように五十数年を一日のように、ただひたすらに信仰を以てのみ生活した者が何人いただろうか。特に現代のように不義だらけの日本のように不信の国において！　彼は信仰の勇者であった。

先生は十六歳の時、北海道の農学校に入学するまで、日本の武士の家庭で育ち、ただ武士の精神だけで一身を固めたという。そこで初めて札幌に行った時、その地に少し芽生えつつあったヤソ教を大変憎悪し、忌み嫌ったという。それだけではない。多神教を以てインドと肩を並べることのできる日本に生まれた彼は、中でも（日本人は「やおよろず（八百万）の神々」という言葉を使う。そうして、各家庭では神棚と仏壇はいうまでもなく、日本全国どこへ行っても神社のない所はない。これによって彼らの神に対する観念を垣間見ることができる）、日本固有の神道を心を尽くして信じたという。そこで彼はしばしば神社に詣でて「日本には日本の宗教があるのだから、日本人は断然西洋の宗教や神を撲滅できるように助けて下さい」と祈ったという。無理のないことであったと思う。そのような内村先生が、いくばくもせずしてキリスト教の福音に耳を傾け、その真理を悟り、そこで永遠の生命を味わい、初めて人生の価値と目的を知ることになって、今まで想像もできなかった喜び、感謝、平安、慰めを与えられたという。なんと不思議なことだろうか。

ここにおいて先生は宇宙万物の創造主、統治者、永遠より永遠まで変わらない、唯一神にして聖なる方、この上もなく慈しみ深く無限なる恩恵溢れる方、生命の源泉であり光の根源なる方、正義で真理で愛にています方、万軍の主エホバの神を讃美せざるを得ず、その足下に跪（ひざまず）いて祈らざるを得なかったと言う。そして、信じる者の知恵と義と聖と贖罪であられる救い主イエス・キリストを信じて従わざるを得なかったと言う。神の独り子、ナザレで大工をされ、ガリラヤの海の漁師と取税人、娼妓などの友であったイエスが、彼の父母や兄弟や妻子や朋友よりも、また財産や地位や名誉や学識よりも、否、自分の生命よりも貴いものになったし、イエスなしには生きられない者になったのだという。彼の生命、希望、喜び、慰め、その他一切はイエスにのみあるようになったという。

そこで彼はイエスの中で生き、イエスは彼の中で生きるようになったという。

「生きているのは、もはや、わたしではない。キリストが、わたしのうちに生きておられるのである。しかし、わたしがいま肉にあって生きているのは、わたしを愛し、わたしのためにご自身をささげられた神の御子を信じる信仰によって、生きているのである」（ガラテヤ二・二〇）、「わたしにとっては、生きることはキリストであり、死ぬことは益である」（ピリピ一・二一）、そこで、「わたしが切実な思いで待ち望むことは、……生きるにも死ぬにも、わたしの身によってキリストがあがめられることである」（ピリピ一・二〇）、と言ったパウロの信仰は、そのまま内村先生ご自身の信仰であり、また心であったという。

内村先生は一生を「信仰より信仰へ」と進むだけであった。たしかに彼の一生は信仰一筋であった。

彼は札幌農学校を終えて神学の勉強のため渡米したけれども、真の信仰には神学がそれほど必要でないということと、また、アメリカでは真の信仰は得難いということを悟って――その他にも学費の窮迫などの理由があったが――決然と帰国したという。某アメリカ人が学費の負担を提案したけれども――それを断ったし、また帰国当時、某大漁業会社が東洋の代理人の地位を提供しようとしたけれども、やはり断ってしまったという。これらはすべて、彼の信仰の発露からのことであった。一方では世の地位のために信仰を捨てることになるかもという憂いもあったし、また他方では、ただ彼の霊魂の深いところから湧き出る神に対する信頼と、福音の真理をそのまま、わが同胞と全人類に対して叫ぼうとする熱心を、どうしても抑えきれなかったが故であった。

彼は信仰の故に家族より義絶され、同志より排斥され、教会より追われ、社会から迫害と嘲笑を免れなかった。彼の苦痛、煩悶、悲哀はとうてい形容しがたいものがあったことは想像に難くない。彼の胸の奥はやるせない思いで満たされ、彼の眼には涙が絶えなかったという。そこで大隈重信は、「内村という人間は飯にも涙を混ぜて食べているに違いない」とまで言ったという。彼の苦難は不敬事件、非戦主義提唱事件など数々の事件を体験し、その外にもいちいち例をあげにくいほどである。一言で言えば、内村鑑三は信仰に欠かせない苦難と試練を残らず嘗めたと言えよう。彼の救い主なるイエスの命令と要求にしたがい、耐え難い十字架を背負い、真の生命を得るために生来の生命を捨てた。自分を完全にこと殺してイエスを完全に生かした。彼は真正（まこと）のクリスチャンであった。

　内村先生は信仰の人であると同時に、独立の人であった。彼の標語は「神に対しては絶対信頼、人に対しては絶対独立」であった。彼の生活は彼の標語の実現であった。彼がアメリカで学業を終えずに帰国したことや、帰国後にも学校の講師、教会の教師、新聞記者など、すべての地位を奪われたのも、結局彼の信仰と独立性の故の結果であった。彼は晩年にも「若者が老人から独立する必要があるように、老人もやはり若者から独立する必要がある」と語りながら、その年の正月から決然と自分の仕事を単独ですることを宣言して、即時実行した。あの病気の中で。ああ！　先生の独立心の偉大さよ、壮健さよ！

　真の信者に共通するように、内村先生も一人の預言者であった。預言者の特質は決して人を見ずして、ただ神の命令だけを守ることにある。預言者は世の人に警告し、彼らを叱責し、そして指導する。そこでは小さな不義と罪悪も容赦なく指摘して、それに対する刑罰を語る。それゆえに、すべての人々から憎悪と反対を受けるのが普通である。したがって、預言者は孤独であらざるを得ない。預言者の一人であった内村先生も孤独を免れなかった。おお！この世で孤独だった先生の上に、主の祝福がありますように！

内村先生は詩人であった。彼が文学上から見て詩人なのかどうかを私は知らない。しかし、神を信頼し畏敬する彼は、神が創造された自然を観て歌わざるを得なかった。山を見て、川を眺めて、空に飛ぶ鳥を見て、詩を詠ずるのは先生の常であった。韻や律に合わないかもしれないが、真正の信仰者として、彼は蒼空の星辰と名月、山野に躍遊する大小の動物を見て、どうしても感謝と喜びの歌を詠まずにいられなかったのである。このような意味で、内村先生は信仰的大詩人であったことを否認することができない。

内村先生は日本ではもちろんのこと、現代においては探しがたい愛国者であった。先生は誰よりも彼の祖国を痛く愛された。そこで先生は彼の最善のものを日本に捧げた。私腹を満たそうとする野心から、あるいは地位や名誉を得ようとして舌先だけの、または理論だけの忠君愛国を云々する現代の政治家たちや、いわゆる学者を自負する群れの愛国と、先生のそれとは自ずからその区別がはっきりとしている。彼らは心にないことを口先だけで無理して外部に表そうとするのに比べ、先生のそれは内心深いところから湧き上がる血とともに溢れ出る真正な心の自然の態度であった。そこで先生は日本のために泣き、そして笑い、眠むり、食べ、働き、そして祈った。日本の喜びは彼の喜びであり、日本の悲しみは彼の悲しみであった。日本の隆盛は彼の隆盛であり、日本の滅亡は彼の滅亡であった。そこで先生は日本の隆盛を常に祈り、日本が正しく立つことを常に渇望した。しかし先生の祈りと願望は、日本がアメリカのように黄金の国になることではなく、英国のように武力の強盛を望むのではなく、仏国のように現世の享楽を得ることではなく、ドイツのように機械文明の発達ではなかった。ただ日本が真理と正義と公平の国になり、そのようにして全民族が神を知り、信じて依り頼み、またイエス様を生命として光として受け入れる国と民族になることにあった。

内村鑑三！　彼は日本人の中の日本人であった。彼の心は瞬時たりとも「二つのＪ」から離れることができなかった。「Jesus and Japan」がそれであった。彼は最初のＪの故に永遠なる生命を得たし、第二のＪの懐の中で育ったのである。そこで彼は最初のＪに一切を捧げたし、第二のＪのために戦闘の生涯を送ったのである。もちろん最初のＪが彼の全てであったことは言うまでもない事実である。彼はイエスのために生きたし、またイエスのために死んだのだ。

内村先生の一生は独立伝道で終えた生涯であった。彼は信仰を持つようになってから、すぐ、伝道の準備をされた。彼は勿論独立伝道を願った。しかしその希望と理想を実現するまでには、かなり長い年月がかかった。彼は四十歳になった年に『聖書之研究』を発刊することになった。厳密な意味で彼の理想的独立伝道はこの年から始まった。以来三十年間を一日のように、少しも変わりなく霊的真理、天国の福音、神の御言葉を宣べ伝えて来た。外的、内的の絶えまない苦痛と艱難、迫害、嘲笑、試み、多種多様の憂いと波風（なみかぜ）をすべて嘗（な）めて、少しも躓（つまず）くことなく、雄々しくすべてに打ち勝ってきた。おお！　師の意気の盛んなることよ！　信仰への徹底よ！

現代のように神を知らない時代において、また真理の価値の全く転倒した末世において、それこそ『聖書之研究』は世の光であり塩であった。いくら悪魔の支配を受けるこの世とはいえ、その読者の数が四、五千を数えたということは、決して偶然ではないであろう。雑誌の読者はさて措（お）いても、その雑誌を通じて死より生命を得た者、絶望から希望を持つことになった者、暗黒から光明を探すことになった者、悲哀から歓喜を知ることになった者は如何に多かったことか！　筆者もその中の一人であることを喜び感謝してやまない。ああ！　ところがこの雑誌が第三五七号を以て幕を下ろすとは！　何と痛ましく惜しいことだろうか。しかしもう、どうしようもない。これが現実である。

先生は雑誌を発刊し集会を守っていく間、多くの著書を出版された。少なくとも四、五十冊を下らないだろうと思われる。その中には『ロマ書の研究』のような大著作もあるし、『求安録』、『基督信徒の慰め』、『後世への最大遺物』など、実に素晴らしい著作もある。また『余は如何にしてキリスト信徒となりしか』のように（これは英語で書かれたものだけれども）四、五ケ国語に翻訳されたものもある。時には英文雑誌を数年間発刊されたこともあった。このようにして、彼は神を喜ばせ、神に栄光を帰し、イエスを証しし、聖意の成就と摂理の完成を促進させるために働いた。真に先生はイエスの真実なる僕であられた。

内村鑑三！　彼は日本で探しにくい最も大なる人物であった。彼は極東で生まれたが、全世界を動かす東方の偉人であった。そこで、彼はイエスを通じて神の栄光を現わす者となった。

内村先生が雑誌を通じて、著書を通じて、集会を通じて叫んだことは何なのか。それは決して小さい範囲のことではなかった。しかしその焦点になり、絶頂であったのは神の義であった。神の愛も彼は語らないことはなかった。しかしながら、現代のように神の愛だけを求め、神の義を忘れた時代においては、神の片面だけを見ていない者に対しては、その義を叫ばざるを得なかったのは無理もない。彼にとっては義のない愛は真の愛ではないと同時に、愛に・あらざる義は真の義ではないからである。ところが現代の教会と信者たちは――東西が皆そうである――ただ神の愛だけを語り、そして求めるので、彼が神の義を叫んで現すことは彼の使命を果たすことになった。彼は現代における神の義を立てた者であった。もちろん、彼は義の人であった。

以上によって私は、足らないながらも、私が見た内村鑑三先生を描いてみた。獅子を描こうとして犬を描いた歯がゆさを禁じ得ない。能筆でない自分を嘆くのみである。文章家でない私としては、これで満足せざるを得ない。願わくはせめて師の偉大さをあまり汚すことなきことを!

しかしこの文を終えるに際し、私はもう一言付け加えたい。それは内村先生は専門的宗教家と言うよりは忠実なる一人の平信徒だったということと、彼は何でなくても真正(まこと)の信仰に堅く立った義の人だったということ、主イエスのみに依り頼み徹底した独立独行の人であったということ、彼がいくら偉人であったとしても、彼もやはり鼻で呼吸する人であったということ、肉体という幕屋を離れるまでは欠点と短所を持っていたことなどである。

それゆえ、我々は決して内村先生自身だけを見てはいけない。彼を十六歳の時に捕らえ七十歳まで守り導き祝福し、養育されて今日の彼を造られた神が彼の背後に在ますということを、我々は悟るべきである。生きて働き給う神が彼を見守り給わなかったら、どうして今日の彼があり得ようか。とは言え、彼が偉大なる人物であったということは否定できない。彼は確かに真理の使徒であり、聖戦の勇士であり、福音の器であった。即ち、彼は真正(まこと)にイエスの真の弟子であり、真の僕であった。このような人が真のクリスチャンでなければ何であろうか。

我々は宇宙万物のどれ一つを通しても十分神を知り、また見ることができる。内村先生のこのような信仰の生涯を通じて、私たちは明白に、徹底して、生きておられる神を悟り信じるようになるのである。ああ！　しかし、見る眼と聞く耳が別にあるのだから、悲しまざるを得ないのだ！

（一九三〇・七、『聖書朝鮮』、第一八号）

内村先生と私との関係

一九二五年早春のことである。私は外も内もすべて病んでいた。外は重度の神経衰弱によって、二・三年の療養を要するという医者の宣言を受けたし、内には大変堕落して良心は麻痺し、魂は死境をさまよっていた。それまで人生を楽観していた私も、一時は絶望して人生を悲観せざるを得なかった。暗黒は昼夜を問わず私を取り囲んでいた。死の使者はしきりに私を追いまわした。

肉体の疾病！　霊魂の堕落！　どうして煩悶せずにいられよう。私は激しく泣いた。そうして力一杯叫んだ。「ああ、私は悩める者なるかな。この死の体より私を救ってくれる者は誰か」（ローマ二七・二四）と。まさにこの時であった。救いは意外な方面から私を待っていた。私は異様な光を見た。そうして私は直感した。この光は生命の光であることを。ああ！　私には希望ができた。喜びと感謝に溢れた。この生命の光こそはナザレの大工イエスであった。私は神の招きをはっきりと認識したので、少しも躊躇せずキリストの僕になることを固く誓ったのであった。

私が信じることになったのは、誰かの伝道や勧めを受けたからでなく、神がわが霊魂の奥深いところに聖霊の光を当てて下さり、信じずにはいられなくしてくださった主の御働きによってであった。決して間接的でなくて直接であった。私がキリスト者になったのは「人に依ってでもなく、人を通じてでもなく、ただイエス・キリストとキリストを死人から復活させ給うた父なる神」（ガラテヤ一・一）に依るものである。

イエスを信じることを決心した私が、突然東京へ行くことになったのは決して偶然ではなかった。断念していた勉強を続けようと考えて東京に行ったのは、理由のある行動であった。しかし、その時は背後で働き給う聖手の働きを見ることはできず、彼が許し給う霊的恩恵と祝福を少しも悟ることができなかった。

私は東京へ渡った後、すぐ某校に入学することになった。これも神の御導きであったということを私は疑うことができなかった。しかし霊魂の飢え渇いた私にとっては、もっと必要で要求される緊急なものがあった。それはすなわち天国のこと、霊のこと、生命のこと、真理のこと、正義のこと、永遠のこと、自由のこと、信仰のことどもであった。

私は事実、人や教会を通してでなく、私の魂が直接主のお召しを受けた。しかし私も人間である。私には肉体があり、私の心臓には神に背いた先祖アダムの血が流れていた。それゆえに如何にしても赦されない罪人である。私の霊魂は甚だ暗かった。それ故、私には霊的指導者が必要であった。この時神が私に許された霊魂の教師が、すなわち内村鑑三先生であった。

内村鑑三先生！　ああ！　私にとって彼は如何に貴い先生だったろうか。真に意義深い導き手である。とうてい忘れられない恩師である。

神は罪人の頭（かしら）なる私を無条件に受け入れて下さり、救われた。私には救われる何らの資格も理由も功労もなかった。しかし、ただ私の知恵と義と聖と贖罪にていますイエス・キリストの功（いさお）と神の至高の愛、無限の恩寵によって私は永遠の生命を得た。生命の種は言うまでもなく神が与えてくださった。そして、神は私に与えられた生命の種を、内村先生をして水をやり肥料を施させた。実に神の摂理はとうてい測り知れないものである。

一九二五年五月三日、私は「内村鑑三聖書研究会」に入会して、以来三年間熱心に通ったが、その後、東京を図らずも去ることになって、私は色々な面で大変残念であった。しかし、その三年間を、東京で生活したことは勉強のためではなかったことを、今になってやっと悟ることができた。もしも勉強が目的であったとするならば、どうして中断して踵（くびす）をかえさざるをえないことになっただろうか。（その時愚鈍な私は学業を終えることができなかったことを悲しんだ。しかし、神の命令は厳格であり、私は従った。）

柏木集会（訳註・内村の聖書集会）は私の霊魂のホームであった。飢え渇いた私の霊魂はこのホームで心から満喫した。そこで私の霊魂は満たされ渇きを忘れた。したがって、私の霊魂は慰めと平安を得て満足し喜んだ。

聖日を指折り数えて待つ私は寒暑を選ばず、雪をものともせず、聖なる正餐（訳註・集会のこと）に出席した。先生の口から流れ出る一言一句がすべて私の霊魂の糧になった。そのことがどんなに私にとって貴重なものか言葉では尽くせなかった。私はノートを取りながら心から「アーメン、アーメン」と応答した。

先生の態度は厳粛であった。そして先生の言葉には権威があった。まことに先生は生ける存在であった。先生には生命が溢れ出ていた。先生は熱誠の人であった。勇敢であった。大胆であった。正直であった。真実であった。敬虔であった。厳格であった。これらはすべて先生の信仰の所産であった。先生の信仰はアブラハムのそれであり、ヨブのそれであった。ひたすらに十字架中心であった。イエスの十字架はキリスト教の全部であることを力説された。それだけではない。イエスの十字架には宇宙の原理、歴史の目的、人生の価値がすべて含まれている事をはっきりと証しされた。何と偉大な先生だろうか。彼には常に新しい生命、新しい信仰、新しい希望が充ち満ちていた。もちろん、先生には人為的に繕って出すものはなかった。また形式的にのみこだわってされることもなかった。彼の言葉や行動は、すべてが彼の霊魂の深いところから溢れ出るものだけであった。それ故いつも彼の言行には冒し難く、真似のできない一種の力があった。

先生が一旦講壇に立った時には、もはや先生は先生自身ではなかった。神の福音がほとばしり出た。イエスの生きた生命は燃え上がる火のようだった。聖霊の感動は非常であった。そこで、この世で光を失った真理は、先生において再び明白に顕揚(けんよう)された。人々によって踏みにじられていた正義は、先生において正体を明らかにされた。教会で無視された信仰は、先生において真価が発露された。

それゆえ、白昼に横行する(教会で、あるいは社会で)すべての邪鬼は、先生の前では何ら力を持ち得なかった。先生が霊的権威を持っておられたからである。現世における道徳律や処世術なる偽善、よこしま、欺きと偽り、邪悪、狡猾などを以てしては、とうてい先生を侵すことはできなかった。

　内村先生に出会って初めて私の霊魂は満たされた。先生は私にとって飢えた羊を満腹させる飼い葉であったし、渇いた鹿をうるおす小川であった。また暗夜の灯火であったし、登山の時の杖であった。おかげでこの魂と肉体がすべて病んでいた私も健康を取り戻し、気力を回復することができた。事実、私はよほどの病気でないかぎり主の日の集会に出席した。そうすると、しなびた魂と病気にさいなまれていた肉体が、一気に活力を取り戻すことが一、二回のことではなかった。このようにして、私は先生の霊的感化を深く感じ取らざるを得なかった。まことに先生は、信仰が芽生え始めた私の霊魂に生命の水を注がれたし、また聖霊の焔の燃え上がる私の霊魂を愛のふいごで煽って下さったので、私の暗い霊魂も天来の光を見たし、私の愚鈍な霊魂も福音の真理を悟るようになった。このようにして、死の支配から逃れ出た私の霊魂は永遠の生命に復活したし、死より解放された私の霊魂は自由の味をあじわった。ああ！　何と嬉しく、感謝すべきことだろうか。

　内村先はの烈火のように獅子吠えされ、畢竟私の霊し魂をしかと捕らえて、力一杯イエス様のところへ投げつけてしまった。その意味で内村先生は私にとっての洗礼者ヨハネであられた。先生の一言一句はすべて私の霊魂を動かさずには措かなかった。あたかもヨルダン川のほとりに立って、「神の国は近づいた。悔い改めて福音を信ぜよ」(マルコ一・一五)とユダヤ人に向かって叫ぶ洗礼者ヨハネの声のように。そして、私は洗礼者ヨハネのあの厳粛な態度とその熱烈な信仰を先生において見た。

　とはいえ、私には幸福と恩恵だけがついてくるのではなかった。同時に、受難期は迫ってきた。荒野の試練は始まった。学業は中断され、祝福された東京生活は終わることになった。御縁の深かった内村先生ともお別れを告げなくてはならなかった。時は一九二七年の仲秋であった。十月十二日、決然と祖国に向って旅立った。すべてがただ主の御心であることを信じつつ。

学窓から帰ってきた私は家庭の人になった。今までとは全く異なって、私には戦闘の生活が始まった。苦痛、艱難は潮のように押し寄せ、誹謗、嘲弄、反対は日増しに高まっていった。私は煩悶の人になった。しかし、この時にも私にとって力になり灯火となったのは、やはり先生であった。毎月中旬になると生命の福音を満載して玄界灘を渡って懐かしい笑顔で私を訪れる『聖書之研究』誌、そして、すでに購入しておいた先生の著書、これらは世の苦しみ(特に信者になったため嘗める苦難)に泣く私をどんなに慰めたことか。このようにして私は、すでに主イエスが勝たれたこの世を、私もまた打ち勝ちつつ生活してきた。それなのに今、先生はこの世を去られてしまった。どうして悲しみと寂しさがなかろうか。それ故に如何にしてでも、恩師内村先生を追慕し記念しようとする思いが私の心に起こったとしても、決して無理からぬことだろうと思う。

内村先生は確かに私に何物かを下さった。然り、先生は人として無くてはならないもの、必ず持つべきもの、必ず知らねばならないことを私に教えて下さったのだ。それは生きた信仰であった。霊と真理によってのみ礼拝すべき、永遠に生きたもう真の神、道であり真理であり、希望であり、光であり、喜びであり、力であり、知恵であり、権能者であられる主イエス・キリストを、死んでも生きても、食べても飢えても、絶対に信仰し依り頼み、またその命令と指示と御導きには絶対に服従すべきこと、即ち、神に反逆するこの世とは絶対に妥協や握手や打算をしてはならないことを私は先生から教わった。

したがって、人からは徹底して独立せねばならないことは言うまでもない。これは生きた信仰と生命を持った者としては当然なことである。しかし、私のような愚鈍軟弱な者にとっては、このことは決して易しいことではないことは言うまでもない。にもかかわらず、内村先生が教えられた「神に対しては絶対信頼と服従、人に対しては絶対の独立と自由」という言葉は、私にとって金科玉条であらざるを得ない。なんと貴くて価値ある言葉だろうか。これを受け入れる者が何人いるだろうか。

そして世間の人々には融通性がないと嘲笑され、教会では無教会主義者だといって排斥されたが、孤独の人内村鑑三は決して不幸な人ではなかった。それゆえ彼を霊の恩師として許された筆者も、それほどかわいそうな者ではないことを確信する。

日本人内村鑑三！　彼は宇宙の秘義、人生の目的、歴史の中心を私に教えた。それだけか。十字架の意義、宝血の価値、われとイエスとの関係も知らせてくれた。それによって私には新しい生命、新しい信仰、新しい希望、新しい喜びが生まれた。これによって初めてわが人生観、社会観、信仰観が確立した。まことに先生は信仰の人、正義の人、真理の人、自由の人、公平の人、独立の人であった。私は彼においてこの全てのものを学んだのだから、私はこの全てを霊魂の奥深くに刻み込んで実行すべきであろう。短期間ではあったが、三年間の東京生活はまことに有益であったし、意義深かった。全てが神の恩恵であることを信じて感謝する。

記すべきことは多いけれども、日本から帰って来た当時の日記の一節をもとにこの文を書き終え、今は栄光の国におられる先生の上に、主イエスの恩寵と平安を心から祈る。

（一九三〇・八、『聖書朝鮮』、第一九号）

内村先生と金教臣兄

一、金教臣記念講演会

金教臣兄は一九四五年四月二十五日に神のお召しを受けた。はや彼がこの世を去って二十八年の歳月が流れている。世の中は大きく変わった。それも急変である。昨日が昔日のようである。このような時代、このような世の中でも金教臣が残した言葉や精神、そうして、彼が信じた福音の真理だけは全く変わらない。したがって、彼の信仰は今日も生きて働き続けている。

金教臣は熱狂的信仰を喜びも願いもしなかった。彼は生前言った。熱が上昇しないように「冷水をぽつぽつかけなさい」と。ある教会に二人で招かれて説教をしていた途中に、金教臣が語った言葉である。説教が終わって後、その教会の責任者の長老が宿所に訪ねてきて、「教会の人たちが願わないので帰って下さい」と告げた。そこで我々二人（金兄と私）は旅館で、切なる祈りを捧げたことが思い出される。

その後にも金教臣は「我々を利用せよ」と訴え願ったけれども、遂に我々を迎えてくれる個人も教会も殆どいなかった。今も同じである。しかし、ある牧師の熱烈な紹介もあって、金兄の生存中は使用禁止になっていたＹＭＣＡ会館で、彼を記念することができた。それだけではない。盧平久兄がＹＭＣＡ会館の祈祷室で聖書研究の集会を始めてから久しい。

だからといって、我々は楽観するとか安心していてはいけないということを忘れてはならない。あたかも南韓が北韓と赤十字会談を始めて数年になるし、さらに南北調節委員会が成立して年を重ねたけれども、未だにゲリラがよく出没しているように、それこそ今は教会が無教会を、無教会が教会を理解し、より深く信仰的に協力することができそうなのに、どうしてか両者がごく自然に、あるいは自由に向き合うことができないのが、とても残念である。勿論ん悲観や不満を抱いてもできることではないのだが。

そういうわけで、四月二十一日（土曜）にＹＭＣＡ会館で金教臣記念講演会を開くことになったのは、まことに嬉しく、有り難く、よかったことだと考える。彼の教えを直接受けた柳達永兄と盧平久兄、そして生前には接することができなかったけれども、彼を尊敬し思慕して、彼の信仰と教育精神を継承しようとする、またはそうしている劉熙世兄と金丁煥兄の二人の若い兄弟（そうだ、彼らも五十代と四十代なのだから壮年）たちの絶叫を聞く耳のある者は聞いて驚いたであろうし、心ある者は感激したであろう。もちろん、講師の性格や考え方の違いによって若干の差異はないわけではないけれども、霊魂の奥底から湧き溢れる真理、さらには福音的信仰の叫びには呼吸が一致していたのである。

金丁煥教授の「金教臣の教育精神の継承」、劉熙世教授の「金教臣の信仰の核心の継承」、盧平久兄の「金教臣の無教会信仰の徹底性」、柳達永教授の「金教臣の信仰を通した民族愛」等々に対する血躍り、生命溢れる叫びには死者さえ動き出さざるを得ない場面ではなかったろうか。

我々は願う。そして信じる。今はすべてが最高に進歩し発展した時代である。どうして霊界だけが退歩あるいは沈滞し得ようか。然りである、しかし、何でもが進歩し発達すると言っても、人間の霊魂だけは決してそれに従って進歩発展していないことは事実ではないか。すべては人間の力や知恵や努力によって成し遂げることができるけれども、霊魂の問題だけは決して、実は絶対に神の御手が（力が、御意志が）動かない限り、これっぽっちも事は成就することも、勿論始まりもあり得ないということをどう考えるか。しかし、「人にはできない事も、神にはできる」（ルカ一八・二七）とイエス様が言っておられる。

それゆえ、金教臣はこの真理を同胞に向かって叫び、伝えたのである。それは生命力溢れる真理なので、その真理は今も生きて我々の霊魂を生かし、動かしているのだ。したがって、我々は宇宙万物の創造者で統治者であられる神の御心に従って、命令に従って動いたのである。そこで、その真理にあってその真理のままに一生を生きた金教臣は、この真理と共に今も生きて我々をしてその真理を語り証しせしめたということである。結局我々は金教臣と共に、道であり、真理であり、生命であられるわが救い主イエス・キリストの生命をいただいて真理を叫び、証ししただけである。

（一九七三・四、『聖書信愛』第一七号）

二、内村先生を追慕する

内村鑑三はわれらの信仰の恩師であり霊的父である。先生は一九三〇年三月二十八日に昇天された。今年は師が逝かれて既に四十三年になった。日本では各地でこの日に記念講演会を開いて、多くの人が先生を記念する。もちろん人間のすることだから過不足があることは避けられないであろう。しかし彼らは、必ずしも偉大なる人間内村を追慕するとか記念するという意味からだけではない。彼を想う時、彼がお仕えした神を、また彼が信じて従った主イエスを、然り、彼を選び、召し出して神の人として、イエスの僕として使われた神とイエス様をより深く信じる信仰を燃え上がらせ、より正しい関係を深く結ぼうとする心情からであることを私は知っているし、信じる次第である。いずれにせよ、四十三年の間、どこで誰を通じて如何なる方法によるにせよ、内村を記念するということだけでもそんなに容易なことではないのに、ましてや信仰により霊的衝撃によって行われるとするならば、それは如何に貴く麗しく甲斐のあることだろうか。

もちろん我々は境遇が違うし、事情も同じではないが、また個人の性格の問題、さらには国際的問題等々さまざまな理由があるけれども、少なくとも私の場合は、まず第一に、真理と福音に対する真実性と、第二に、師に対する尊敬心の不足のため、あれこれと口実をたてて、卑怯で勇断性がなくて、このようにだらだらとごまかしているのだから、面目次第もない。

師や父母（霊肉間を問わず）に対してこんな程度なのだから、ましてや友人に対しては言うまでもないことではなかろうか。こういった意味で、いくらいろんな事情があったにせよ、長い間の沈黙を破って、実は眠りから醒めて、この度、金教臣記念講演会を開き、さらには講演後講師たちを囲んで何人かの知人と共に食事と歓談ができたことは、最近におけるまたとない喜びであった。特に柳達永兄のユーモアを交えた現実問題に対する率直なお話は、大変興味深く楽しかった。世の中をあまりにも知らなすぎる私としては、なおさらそうだということである。遠回りではあったが、これが私の（あるいは我々の）実状ではないか。勿論、感情の上からは、時々あれこれ感慨にふけることもなくはないが、実際あまりにも無能・無力なのが事実ではないか。

私は内村先生から、独立について何度も学んだ。想うに、金教臣は内村の愛国心と民族愛をより盛り上げ育て、燃え上がらせたのではないかと思う。Independence のない信仰は信仰というよりは、そのような信仰はあり得ないということが、内村の主張であり、常に強調したところである。

それゆえ、彼は同志たちと共に札幌農学校（今の北海道大学の前身）を終えて別れる時、入信の記念として独立教会を建てたのである。もちろん当時は無教会という考えは全くなかったし、そういうことは想像もできなかったのは当然である。しかし、彼が無教会主義者になった後にも、札幌独立教会は前と等しく牧師が教会におり、今もそのように継続している。ある時には内村がある人をそこに紹介して送ったところ、意外にも信仰の独立を悟って独立伝道者になるために教会を離れることになったのが、金沢常雄先生であった。『信望愛』という月刊誌を出しながら、自分の家庭で集会も持たれるようになった。

金沢先生は大変温和謙遜な方で、私のような者に対しても至誠をもって対して下さったことを忘れられない。先生は既に逝かれたけれども、奥様は子女たちと共に今も東京にお住まいで、時々私に消息を下さっている。

金沢先生は、畔上賢造、塚本虎二、黒崎幸吉、藤井武、矢内原忠雄、三谷隆正など、内村先生の弟子の中で「われらは七人」で有名なグループの一人であった。七人のうち、矢内原先生は東京大学の総長の職にありながら、『嘉信』誌を刊行したし、三谷先生は哲学者であり教会の長老でありつつ、ずっと内村にお仕えしたのである。

とにかく、内村は自分の独立と共に他人の独立を大変尊重されたということは実に驚くべきことである。金教臣が内村の独立精神から愛国心と民族愛を涵養したことは既に述べたとおりだが、内村の集会で『聖書朝鮮』の六人の同志が育ったことはまことに有り難いことであった。その六人の中で最も屑にも等しかった私は、彼らのようには立派ではっきりした何事をも学びとることもできなかった。また、徹底した信仰もはっきりした独立心も、その他人格も学問も何物も継承できなかったことは、一生の悔恨である。内村の集会に何年かを居らせていただいた私として、もし無理してでも取り立てて言えることがあるとすれば、幼時、日帝時代に普通学校（小学校）の教科書で「正直は一生の宝」と学んだことと、内村の独立と共にいつも耳にたこができるほど重ねて叫んでいた正直を、今まで忘れず記憶していることとでも言えるかも知れない。

しかし、偽りの中で生まれて偽りの中で育ったのみならず、あまりにも卑怯で軟弱な私としては、どうして堂々と正直に生きたと言えようか。ただ心の中で、あるいは口先でだけ、辛うじて正直を保った程度だと言えるのかも知れない。

「プルン学園」（訳註・仁川沖の長峰島にある学園を宋斗用が一九六九年に引き受けた学校）の教訓として、各教室に「正直」と書いて掲げはしたものの、常に神の御前で畏れおののくだけであった。私はあえて言う。無意識の中に、あるいはどうしようもなくて嘘や偽りの行動をした場合には、どんな形ででも神の御前に告白し、悔い改めるべきことは言うまでもない。何がなんでも、相手にそのことを告白し謝らなければならないのだ。結局は真正の信仰が真正の正直たり得るのだということを、五十年近い信仰生活で学んだのである。

とにかく内村先生は全ての面で、過激で率直で純粋だったことだけは否定できない事実であろう。彼は正義のために人情を断ったし（誰とでも、甚だしくは肉の兄弟間でも）、独立のために米国での勉強を中断して帰国したのだから。彼がもし若干でも譲歩するか諂ったとすれば、彼は明らかにもう少し多くの人たちの賛辞の中で、豪華な生活と栄光をわが物にしたであろう。

しかし彼は純福音、真の真理、絶対正義を貫き、一切妥協せず、決して譲歩しなかった。彼は独立と正直と信仰の故に苦難を舐め、迫害され、居場所もなく飢えながら、あの有名な初期の著作（『基督信徒の慰め』を始めとする多くの著書）を世に提供したのである。実に神のなされることはいかに奥妙なことか、推し測れないではないか。

私は今、ことさらに内村について言いたてようとするつもりはない。ただ思い浮かぶままに綴っていたら、長くなっただけである。それゆえ、これを以て筆を置くが、ただ一つだけは言い添えて終わろうと思う。

私は『クリスチャン新聞』（訳註・韓国で発行されているもの）に載っている文章（広告）を見て、この文を書き始めた。「内村鑑三聖書註解全集」（旧新約全十七巻）を翻訳して出版するという広告であった。私は発行所の聖志社という所に電話をかけて調べてみた。ちょうど李・ジョンホ牧師のご夫人が校正中だと言いながら、私の質問に答えてくれた。私（または我々）ができないことを、またはしなかったことを、李牧師様がご苦労なさっていることに感服し謝意を表した。出版の難（むずか）しさ、それに無教会に関したものは、初めから損失や失敗を覚悟しなければできないことである。教会の信者だけでなく無教会の信者たちも、内村の文章を自ら読むために必ず注文してくれるようにと推薦する次第である。この文を読んだら、何人か応援の意味からでも注文されることを望んでやまない。

（一九七三・四、『聖書信愛』第一七八号）

政池先生訪韓の意味

日本の無教会伝道者『聖書の日本』の主筆政池仁先生が、東京から九月七日に来韓して二十日間の巡回伝道旅行を終えて、二十七日に帰国した。

彼が韓国を訪問したのは、その目的が伝道だけでなく、むしろ「私の訪韓は日本人の一人として、特に日本のクリスチャンの一人として、過去において日本人が韓国に対してあまりにも多くの罪を犯したことを、深く悔い改め心の底から深く謝罪し、また韓国人の、さらに韓国のクリスチャンの心の底からの赦しをいただくことによって、お互いに和解しようとすることにある」と語ったとおりなのだが、政池先生は彼の目的を十分果たすことによって彼の願いを叶えたのである。

そう言われてみれば、昔のことはさておき、二十世紀においても三十六年間も日本人は韓国人に対して酷いことをしたのだから（彼らの圧迫、迫害、略奪、場合によっては虐殺までしたその罪は、言葉に言い尽くせないのだが）、日本人の中のただ一人でも、韓国人に向かって謝罪するのは当然なことだと言えるだろうと思う。しかしながら、だからといって、我々は彼のそれ程にまで頭を下げて真実で謙遜で純粋で良心的な善意を、ふん反り返って座り、傲慢な態度で受けるべきなのだろうか。はたして我々にはそのような資格があるのだとのみ考えるべきなのだろうか。

勿論我々は、日本人の我々に対する罪悪を否定するとか知らない、というわけではない。しかしながら、我々も静かに良心的に、冷静で正直にもう一度考え直すならば、必ずやそのようなことだけではすまないだろうと思われる。もしも悪を以て悪に対するのが人間だとするならば、善には善を以て対すべきではないか。善にて悪に報いることは難しいけれども、善に対するに善をもってすることは、はたして間違いだろうか。

政池先生は「祭壇に供え物をささげようとする場合、兄弟が自分に対して何かうらみをいだいていることを、そこで思い出したなら、その供え物を祭壇の前に残しておき、まず行ってその兄弟と和解し、それから帰ってきて、供え物をささげることにしなさい」（マタイ五・二三～二四）と言われたイエス様の御言葉がいつも気がかりになっていて、謝罪しなくては耐えられない気持ちになって、わざわざ謝罪のために韓国に来られたのだと語られた。そうして彼は、一歩進んで「何事でも人々からしてほしいと望むことは、人々にもそのとおりにせよ」（マタイ七・一二）と言われた御言葉をそのとおり信じ、またそのとおり実践された。そして、彼はイエス様の弟子になり、神の国の民になったのである。いかに貴く羨ましいことだろうか。

それでは我々はどうすべきだろうか。我々もイエス様を信じるならば、彼と共に「敵を愛し、迫害する者のために祈」（マタイ五・四四）るべきではないだろか。そうしてまた、「主よ、わたくし共をして敵が飢えたら食べさせ、渇（かわ）いたら飲まさせてください」（マタイ二五・三五）と申し上げるのみである。

（一九六四・九、『聖書信仰』第三号、通巻八七号）

藤澤先生の訪韓について

本誌第二十号と二十二号を通じて、すでに藤澤（訳註・藤澤武義）先生の来韓についての消息を伝えてあるのだが、未だビザ（訳註・入国許可）が出ないので、具体的な旅程を決められないのは心苦しいことである。

先生は雑誌と伝道旅行で忙しい中にも、早春から旅行の準備を急がれ、旅券はすでに七月中旬に出たそうである。すぐ引き続きビザの申請をされたのだが、いろいろな隘路があって、やっとその受付番号を私に知らせてきたのである。

私は急いで入国許可をいただくため、招請事由書と財政及び身元保証書など、その他の必要書類を準備して提出したのだが、未だ、その可否すら分からない。一昨年、政池先生の場合も私が個人名義で招請し、許可になったので（実はその時も若干の問題はあったけれども）今度もそのようにしたのだが、今回は個人名義の招請は全然許可しないということである。以前は文教部の推薦によって外務部で審査したのだが、今は制度が変って法務部の単独審議で決めるのだという。そう言いながら、なんのことか分からないが文教部でオーケーすれば可能だと言うので、書類を文教部に回してもらうよう交渉中なのだが、さまざまな事情があって未だ可否すらも知るすべがない。

ところが藤澤先生は万般の準備を整えてお待ちのようだから、大変申し訳ないことである。もしビザさえ下りれば即時来韓することになるだろうし、本誌の梧柳洞消息に書いてあるように、ソウル・水原・洪城・光州・大田・大邱・慶州・釜山・馬山などの地へ巡回する予定なので、地方におられる方々は各々近い所に多数参席して下さるようにお願いする。ビザが出次第、日程を確定して上記の各所に消息をお知らせするので、ソウル・仁川・水原などでは宋斗用、洪城地方は朱鎏魯、大田は劉熙世、光州は田俊徳、大邱は張基東、釜山は曹光在、馬山は南ヘンスなどの諸氏に連絡されて詳細を（集会、場所、時間など）調べられ、積極的に協力、多くの人たちが藤澤先生に会いお話を聞いて、主にあっての深く正しい交わりと和解の絆を結べるようにして下さることを切に願う。久しからずしてビザが出そうではあるが、そのはっきりした日程はわからず確実なことは伝えられないので、大変心苦しい次第である。

いくら我々の環境や事情が難しいとは言え、藤澤先生に対してあまりに不誠実な対応で、済まないやら恥ずかしいやら、なんとも表現し難い心情である。考えてみれば寒心の限りなのだが、何をどうして良いのか分からずもどかしい。ただ我々としては人間としてできること、なさねばならないことを尽くして後、神の御心とお許しを待つしかない。私は昨年、日本を訪れて以来、多くの人たちよりキリストにある真の愛（霊的には勿論、物質的にも）の負い目を負い続けているが、本当に嬉しいのやら悲しいのやら。

はたして日本の方々はただ一時的な感情や気分、あるいは社交的な諂（へつら）いをしているのだと言えようか。いくら主にあっての信仰のことだとはいえ、我々としては、どうして一方的にいただくだけで済ませようか。読者諸氏の祈禱をお願いし、重ねて多くのご協力を心より祈ってやまない。

（一九六六・一〇、『聖書信仰』第二四号、通巻一〇八号）

ああ！　黒崎先生

黒崎（訳註・黒崎幸吉）先生！　私は先生を尊敬してまいりました。しかし先生、私はそのことを一度も先生や他の誰にも表明できなかったことを何よりも残念に思っております。私は私の意志を表明すべき勇気がありませんでしたが、実はそれよりも、そのようにすることが畏れ多いことだと考えていたからです。ところが先生は図らずもお亡くなりになられましたから、今はそのように考えていたことが無用になってしまいました。本当に悲しく残念な気持ちのみでございます。

黒崎先生！　先生は本当にいろいろな面で偉大であられました。第一、先生は学者であられます。それもこの世の学問でなくて、信仰の立場で本当にご立派であられました。元来学問は良いものではありますけれども、先生のようにそのおびただしい量の学問をそっくり神のため、主イエス・キリストのためにお使いになられた、否、捧げられましたから。そういった意味で、先生の学問はそれこそどれだけ光を発し香りを発散したかわかりません。私は先生にお目にかかって、初めて学問の価値というものを知ることになりました。先生のように学問を学問らしく使うならば、この世に学問くらい美しく貴いものはまたとないものと存じます。

先生は多くの書物をお書きになられました。まず、先生の雑誌、『永遠の生命』であります。合わせて四二三号という驚くべき年輪を持ったこの雑誌が、日帝末期の第二次大戦の関係で弾圧がきびしく、発売禁止、甚だしくは出版禁止などで発行が自由にできない中でも耐えぬき、最後まで発行を続け、遂に勝利を勝ち取って凱旋されたことは、まことに驚異に価することであり、痛快無双なことであると言わざるを得ません。号数によれば三十五年あまりのように見えますが、実は一九二五年三月に創刊号が出まして一九六六年十二月に終刊号が出ましたから、結局四十一年以上の長い歳月を、あの恐しい多くの試練と妨害をものともせず、一日の如く倦まずたゆまず続けられたのでした。

それだけではありません。『註解新約聖書』十巻、『新約聖書略註』三巻、『旧約聖書略註』三巻、また『希和、和希聖書語句辞典』各一巻など（これらは皆大冊であります）、註解も略註も、特に『聖書語句辞典』は、どれだけ周到な準備と精密な作業を必要としたかわかりませんが、何も知らない私ごとき人間でもよくわかるようにできています。先生の誠意と熱心さを窺（うかが）い知ることができます。文字一つ言葉一語にも、どんなにか誠意が込められていて、読者をして心地よく勉強できるように書かれているかがわかります。この他にも貴重な本をいろいろとお書きになられました。

しかし、先生は本を売るためとか形式を誇示しようとかの意図は少しもございません。どんなにしてでも読者をして聖書の奥深く妙なる真理、すなわち隠されている秘密、言い換えれば、聖書の真理を正しく悟り深く理解できるようにとの誠意を傾注されたのであります。先生の博学も先生の知恵も、全て神にのみ捧げられたのであります。

ところで私は本当に学問というものがこんなにも美しく貴いものだということをそれまで知りませんでした。そのことを知っていましたならば、こんなに私が学問を賎しく思い蔑んだりはしなかったはずです。私が学問が良いとか貴いとかいうことは、ただこの世においてのみ値打ちがあり、世の中での暮らしに必要なことであって、信仰の世界においては別に重要でも必要でもないものと、今日に至るまで考えてきたのでした。そこで、事実学問を無視し、冷遇する程度でなく、どんなにか虐待し、甚だしくは憎みさえしたのであります。しかし、今になってはどんなに懺悔しても無駄になってしまいました。その意味で、先生は私のような人間に、学問の意味と値打ちを本当に骨身にしみて悟らせて下さいました。

第二、先生は私にお金というものの意味について教えて下さいました。事実、これまで私はお金を何よりも賎視しました。お金とは無条件に悪いものだと思い込んでまいりました。その理由はくどくど申し上げるまでもございません。世の中はお金で滅んだし、また今もそうなのですから。それでも人々は「お金、お金、お金」とお金様呼ばわりをしているのですから、その理由がわかりません。事実世にはお金のために滅亡し、死んだ（または死につつある）人がどんなに多いことかわかりません。私はそれを見る度に、そのようなことを考えるだけでも身震いせざるを得ません。実に、お金には血生臭い匂いが鼻を突くほど漂っているのであります。

しかし先生！ それはこの世でのことであります。先生のように、この世と与みせず、ただひたすらに天国に向かって十字架を背負って歩まれる方に使われるときには、あの恐ろしいお金、汚いお金までも、何とどんなにか聖いものになっていたことでありましょう。実に、先生のようにお金を値打ちある、輝かしくお使いになられるならば、どうして、誰がお金を汚いと言えるでしょうか。

私が知る限り、先生はあんなにも多くの本を出版されましたが、しかし、恐らくその中のただの一冊でも他人に迷惑や苦しみを与えるとか、あるいはそれほど甚だしい苦痛を舐められることなく、言い換えれば少しも無理などを押し通すことなく、順調に自然の流れによって成就されたものと私は推察しています。それればかりでなく、その本は皆歓迎されました。すなわち、ほとんどがベストセラーではなかったかと思われます。一冊なりと興味本位から書かれたものはなく、その中に含まれている真理が、真理に飢えている霊魂を捕える力を持っていたからであります。

元来人間は霊と肉によってできており、また、精神と物質に分かれています。しかし、それは決して霊と肉が葛藤するとか、精神と物質がお互いに敵対視するようにできているのではないと思います。ところが現実はどうでしょうか。霊と肉は全く別世界であり、また精神と物質も頭から一緒にはできないもののようになっています。これは明らかに間違っていると思います。それは本末が転倒したためだと思います。今からでも霊と肉が調和し、精神と物質が融合できるとすれば、必ず両者が葛藤や敵対視することなく、本当に平和と喜びをわがものにできるだろうと思います。この事実を私は黒崎先生の生活を通じてはっきりと拝見し、知ることになりました。

私はあまりにも不足多き人間ですので、七十年にもなる長い年月を生きながらも、本当にあまりにも人生の真義を知りませんでした。そこで人生のあらゆる面において欠けていたり歪んでいて、間違いだらけであります。

しかし、今はもう時すでに遅しでございますが、今からでも、たとえ一日や一ケ月や一年間でも、多少なりとも先生をお手本にして生きたいと思います。今は学問をしてもお金を儲けることはできませんけれども、今までの誤解と錯覚と固執だけの生活を清算し、いくら少額であっても足りなければ足りないなりに、お金を有効に使い、ありのままの純粋な人生を生きるために努力していく所存であります。

第三、次は事業であります。私は虚栄なのか欲心なのか、あるいは事業欲なのか存じませんが、若くして、いや、幼時より、勿論私自身も良い暮らしにすべく努めるべきでしょうけれども、なぜかそれよりは他人を助け、他人のために暮らしたいという考えでありました。ところが二十二歳の時、願いもせず考えもしなかったキリスト者になってからは、そういったすべての考えを抑えてしまいました。そのような考えはすべて間違いであり、愚かであるか、或いは虚栄または欲心からだと思い込んでしまったからでした。どうしてそのように考えることになったのか、我ながら分からないことです。今日に至るまで、真の使命感を持つことができませんでした。キリスト者は何事もせず、ただ信じることさえすれば良いものと考えたからであります。

ところが先生は登戸学寮を始められました。その時、私は先生を疑いさえしたのでした。しかし先生はそのことを構想され、費用を作られ、そうして実践に移されました。そしてすべてのことを司りながらも、直接実務には関与されませんでした。神戸におられながら東京で始められたこと自体、他の人には真似のできないことであり、初めから直接関与しようとするお考えはなかったことが推測できます。そして、寮長を置かれ、寮長をして全ての事を処理させました。本当に立派な方を寮長として用いられました。とにかく先生は、実に良い方を起用されました。結局先生は少しも欲心や虚栄心からでなく、ただ純粋な信仰によって神の御心にだけ服従なさり、一切を聖霊の働きに委ねられたのではないかと思われます。

そうして、誰でも先生のように単純な信仰によって為すならば、何を為すかということが問題ではなくて、如何に為すかが問題であることを知ることができます。もちろん学問や知恵や才能や方法や手段もなくてはならず、良くなければなりませんけれども、何よりも先ず神を信じる信仰が重要な問題だろうと思います。

しかし、実はその信仰が問題であります。誰でも言葉では信仰本位、信仰中心、信仰のみの純粋な信仰云々といって騒ぎ立てますけれども、本当に易しくて簡単なその信仰が、どんなにか難しくて骨の折れることではありませんか。

しかし、先生はその信仰を正しく生きられました。先生の生活全体がそのことを証明しております。とは言え、誰がその信仰に従うことができましょうか。私はあえて落胆はしないつもりです。私は成否は気にせず、先生に従って信じるしかありません。

黒崎先生、私は今、先立たれた先生を追慕しつつ、先生に関して一つ、二つ思い出されるままに綴ってみました。しかし先生に関することを詳しく知りませんから、一つひとつ書き尽くすこともできませんでした。最後に、一つだけ書き加えて終わろうと思います。それは先生のお人柄のことでございます。

先生は体軀がさほど大きいほうではありませんけれども、若干肥っておられました。そうして、誰が見ても本当に柔和でご謙遜なお方であられることを知ることができます。今、私は先生に対して多少書きましたけれども、実はそのようなものは問題にならないことですし、また先生の様々な特徴と長所は全てその立派な人格から生まれたものと信じます。私は先生によって初めて寛容（寛大）とは何かということを学びました。まことに先生の寛容こそは誰も真似のできないものであります。政池兄も先生のご寛大のために先生を尊敬することになったと告白しています。（『聖書の日本』第四〇七号、第七頁参照）寛容だけでなく、本当に勇敢であられます。少しでも自分に間違いがあるとお考えの場合は、場所をかまわず（大衆の前ででも）少しも躊躇せず謝られる勇気の所有者であられました。これは大変難しいことではないでしょうか。

それゆえ、つきつめてみれば先生は結局愛の人であられます。愛は寛容も忍耐もその中に抱いているからであります。このようなことを円満と人々は言います。先生こそはそれこそ文字どおり円満な方でいらっしゃいます。だからといって善悪と真偽を分別しないのではなくて、本当に正義感に燃える方であられたことを誰が否定できましょうか。それだけではありません。そのたくましい実践力にはただ感激するだけでございます。とにかく私は心の中で先生を尊敬してまいりました。しかし、もう先生はこの世にはいらっしゃらないのですから、残念でなりません。しかし先生、私は幸い先生に従ってわが救い主イエス・キリストを贖罪主、生命の主として信じます。約束はできませんけれども、もう一度先生について書きたい思いを秘めつつ、今日はこれまでにいたします。

先立たれた先生と地上におられるご遺族の皆様の上に主の平安を祈りつつ。

（一九七〇・八、『聖書信愛』、第一四七号）

第五部　韓日霊交

韓日霊交の三週間

第二次世界大戦における日本の敗戦により、韓国が解放されて満十九年目（日にちで七千余日）に、韓国で、日本と韓国の無教会の同志の間で満三週間の霊の交わりを持つことになったのは、お互いに限りない喜びと幸いなことであった。

韓国は解放された　ということで、信者も不信者も老若男女の区別なく、前後もわきまえずにただ喜びに酔いしれていた時、私のところに図らずも一通の手紙が日本から舞い込んできた。日本は敗戦の苦杯を呑んだあまり、全国民総懺悔の国民運動が起こったというのです。それまでも、誠実な信者たちの中には、日本が韓国をはじめとして東南アジア全体を丸ごと呑んでしまおうと侵略に侵略を重ね、言語に尽くせない罪悪を犯したことに対して、深く悔い改める良心的な人たちがいるということも知らぬわけではなかったけれども、考えてもみなかったお手紙を突然いただいて、驚き、かつ感激の涙を禁じえなかったことが今も記憶に生々しい。

それは私の尊敬する友人の、「私は今まで日本がしでかした全ての罪に対して良心の呵責に耐えきれず、日本人の一人として、特に日本のクリスチャンの一人として、日本人を代表し、日本のクリスチャンを代表して、韓国人の一人であり韓国のクリスチャンの一人であるあなたに心の底から深く謝ります。あなたは私の主に在っての偽りのない心情を察せられ、韓国人の一人としての心の底からの深いお赦しを願います」という驚くべき手紙であった。この手紙の主人公は他ならぬ政池氏だったのだが、この度は、彼の心中深く抱いていた志を達成すべく、わざわざ韓国を訪問されたのである。まことに神の御心の深くて妙なること、とうてい測り知れない事件ではないか。

政池仁氏は去る一九六四年九月七日に訪韓され、まる三週間滞在して二十七日に無事帰国された。このことは去る正月から話が出たことであるが、九月になってやっと実現したのである。

実は数年前から、金鳳国兄が「日本からいろいろな人たちが訪韓しているのだが、我々も日本の無教会の信者の中で先輩のお一人を招待してはどうだろうか」ということを、度々私に話したことがあった。その時、なぜか金兄は、政池氏が良いのではということを特に付け加えたこともあった。しかし、私は解放後、政池氏との文通のことは考えもせず、金兄の言葉に対してはいつも知らぬふりをしたり反対してきたのである。今はそういったことは時期尚早であり、また我々の力に余ることでもあるし、特にこれは国際関係でもあるので、気軽にできることではないというのが、私の反対の理由であった。

そういう状況だったので、金兄は仕方なく政池氏に直接その意向を話したらしい。この提案を聞いた政池氏は大変喜ばれて、これで機会は訪れたとばかり、「それなら必ず行きます」という回答を金兄に送り、一方、私にも「できるなら一日も早く訪韓できるように招請状を送ってほしい」という催促の手紙が、一月八日付けで届いたのだった。私は夢のような便りに勿論嬉しくもあったけれども、他方ではあわてた。

私はすぐ盧平久、金鳳国両兄と相談した結果、多少難しいことではあるけれども、招請することに決めた。そして招請状は私の名義で出すことにした。政池氏の依頼もあったけれども、それよりも、我々は学生時代に東京で内村先生に聖書と信仰を学んだ仲であるし、その後も今日に至るまで三十余年の間、書信は勿論、彼が発刊していた『聖書の日本』を、その前身の『聖書の農村』当時から、私は読者として霊交を続けてきた間柄なのだから、当然なことであった。

しかし、私は出入国の手続きなどに対しては全く無知なので、盧兄をはじめ朴胤圭、金雲虎氏などの諸氏の助力を得て手続きを進め、正式に招請状を発送したのが二月下旬頃だった。ところが、日本側では出国許可はとても楽に下りたらしかった。しかし、こちらでは入国許可、いわゆるビザがなかなか下りなくて、もどかしい日々であった。

日本ではこちらの事情も知らずに、五月に行きたいからという催促と共に、ご自分の健康が優れないので周囲の人々が奥様の同伴を勧めるとのことで、もう一枚追加の招請状を送ってほしいという連絡があり、事はますます難しく、大変なことになった。

しかし、両国の事情も違うし、元来こちらでは日本に対する感情が芳(かんば)しくないばかりでなく、ちょうど韓日会談において韓国政府が低姿勢なため、全国民の反対の声が高く、野党ではこのような韓日会談は絶対に反対するといって国会座り込み闘争を展開するかと思えば、一方、学生のデモが起きて、学生たちは断食連座デモにまで突入し、全てが修羅場になってしまうやら、とうとう戒厳令が布かれる事態にまで陥ってしまったのである。このような状態なので日本人の招待のことなど、どの部署の誰の所に行って相談をもちかけて良いやら、雲を摑むようで全くもどかしいことであった。

しかし、だからといって事を中断するわけにもいかないので、とにかくがむしゃらに推し進めることにした。外務部と文教部を交互に訪れてビザの交渉を試みたけれども、双方の役所の言い分の食い違いと手続き条件などが本当に多いのにはほとほと閉口した。あちこち訪ねて調べもし、いろいろな人に会って相談もしてみたが、とうてい可能性はないように感じられて、困惑するのみであった。その結果は不平と怨めしさと、憎悪心まで起きて嫌気がさし、落胆して放棄したい気持ちにまでなった。それで私の心境を盧兄に言ったところ、「もう少し忍耐して進めてみましょう」ということだった。私は再び力を得て継続した。

　実は、決して私一人だけが苦労したわけではなかった。盧兄は盧兄なりにどれだけ苦労したかわからない。特に盧兄は『金教臣信仰文集』の出版関係で大変ご多忙な中にもかかわらず、この件のために実は私よりずっと多くの苦労をされたのである。

　そうこうしている中に、ある共和党幹部のとりなしによって、外務部旅券課の承諾をもらうことになった。そうして文教部の文化教育局も比較的容易に諒解をしてくれたが、国際教育局ではなかなか書類を旅券課に回してくれないので、日にちが長引いたのである。

　初めは、個人名義では外国人を招待できないということだった。それで「梧柳洞聖書研究会」としたけれども、そんなものは認められないというのだ。外国人が入国して滞在する間、身元の保証をするに相応（ふさわ）しいとお役所で認めるには、法人格とか、個人の場合でも社会で名望のある人で数人の連署があれば検討も可能だとのことである。仕方なく柳達永教授（彼は再建国民運動本部長でもあったので）と大韓教育聯合会の鄭泰時事務総長、そして盧平久、宋斗用の四人連署で書類を出した。しかし、それでも時局が騒然としていて忙しいからと言っていたのが、その後になってから態度が変わり、かえって済まないような姿勢で、「なんとかしてあげましょう」と言いながら、結局は七月末になって辛うじてビザが下りたのである。

しかし時期も夏であり夏休みの時でもあったし、また先方においても聖書集会などの都合で、八月には不可能なので、九月に決めたのであった。このようにしてお互い苦労もしたけれども、再会の実現にまで漕ぎつけたのである。

世の全ては人間の意のままになるわけではないにしても、政池氏を招聘することはかなりの難事だったということと、そして、日にちが長引いたことの詳細は上述のとおりである。

とにかく、事は成ったのだから、嬉しく感謝なことは申し上げるまでもないことだ。相互のスケジュールを調整した約束の日、九月七日は遂に到来した。政池氏は我々の誠意不足で奥様の同伴はかなわぬまま、一人で午後一時五分正刻、無事に金浦空港に到着した。

空港には金鳳国兄夫妻をはじめとして、盧平久、元敬善、丁斗永、金雲虎、申相徹、張万福、李和卿、金愛恩、宋斗用、宋錫拯（宋の五男）など、男女十余人が迎えに出た。政池氏のお顔を知っているのは戦後に日本に行ってきた盧平久兄と、最近東京に行って来た元敬善兄だけであり、皆初対面なのでまごついた。勿論私は誰よりも良く知っている仲だけれども、若い時に別れてからあまりにも久しぶりなので、（約三十年？）知っているようないないような、見覚えが朦朧としていて、おろおろした。しかし空港の送迎台から飛行機を見下すと、身動き動作から推して明らかに日本人であることと、どこか若かりし当時の学生時代の姿が彷彿としていてなつかしかった。

そこで私が先に歓声をあげるや、皆一斉にその方へ目を向けた。皆喜んだ。特に私は過ぎし日が思いだされて感慨無量になり、今更自分の老いを実感した。

二十余歳の青年の時に別れた我々が、特に国際関係上もう会えないことに決めていたのに、六十代になって白髪を交えての思いがけない再会をしてみると、全てが夢のようで、当時の他の人たちのことも思い出されて、人生の無常が感じられるのであった。先立たれた方々、老衰した方々、全て目の前に彷彿して、むしろ寂しさに包まれた。誰よりもまず、体躯が大きくて厳格ながらも、どこか慈しみのあった信仰の父であり師であられる内村先生。

ああ！　日本の政池と韓国の宋が、国際情勢が荒れて微妙なこの時、わけても政治的、そして人間的には敵だともいえる間で、肉親よりももっと嬉しくてなつかしく再会できるのは、ただ内村先生が教えて下さった福音の真理、すなわち、神の子にして我々の救い主でいたもうイエス・キリストを信じるというその一事でなければ何だろうか。我々に救いと永遠の生命の福音を教えて下さったその方を追慕せざるを得ず、特に父なる神に無限の感謝と賛美を捧げるしかないのである。

お互いの挨拶が終わって、他の人たちはそれぞれ別れていき、政池氏と共に金鳳国、盧平久、元敬善、金雲虎、鄭斗永、張万福、宋斗用など数人が市内に戻って、乙支路四街附近の「セマウル」という日本料理屋で昼食をとった。設備も食べ物もそれこそ高級であった。

昼食を終えた後、一行は貞洞ホテルに同行した。政池氏の宿所として予約しておいた宿である。彼が到着する前に数カ所を訪ねてみたが、どのホテルも満員でありまた高価だった。比較的安くてとても静かそうな所なので決めた。

荷物を解き挨拶を交わしたら、話の花が咲いた。夕方になったのでやむを得ず皆別れて、私だけが残って夕食を共にし、ホテルの主人に気をつけてほしい点を伝えて、私も遅く梧柳洞に戻って来た。私はこれから案内役兼秘書になったことになる。政池氏の韓国に対する初印象がどうであったか知らないが、私としては全てが済まないし、また恥ずかしくもある。奥様との同伴に応じられなかったことが相済まないし、また世情に暗い私が案内役になったことは本当に恥ずかしいことである。

しかし、何よりも全ての難関を斥(しりぞ)けて神だけを信じ、キリストの内で謙遜と愛をもって一切のこの世的な人間的な如何なる誤解も妨害も損害も退けて、果敢に、そして堂々と敵の国、否、敵を以て自ら任ずるこの国を訪ねて来て民族的な罪科を謝ろうとする、その貴くて有り難いお方を、いくらむさ苦しく不便な所であっても、当然信仰と愛によってわが家にお迎えするのが当たり前だったのに、そのようにできなかったことが、私としては最も恥ずかしくもあり済まないことだった。

ところが、金浦空港から市内に向かって永登浦の市街を走っている車の中で、政池氏が「これが梧柳洞へ行く道ですか」と聞くのには胸がドキッとして何も言えなかった。

「あいにく家内が病気で、やむを得ずホテルへ行くところです」という言葉をやっと口に出してそっと顔色を伺った。事実であるには違いないけれども、さぞ期待外れで残念なのでは、という気持ちであった。ところが彼の態度は少しも変わらず、かえって驚きながら私を慰めてくれるのには、私のほうがしどろもどろになってしまった。

そうしてもう一つ、本当に申し訳なかったことは、今度の旅行における私の旅費などの問題であった。初めから政池氏は同行者の全ての費用は自分のほうで持つからと、何度も手紙で知らせて来ていたが、私としてはあれこれと気が落ち着かなかった。ところが荷物を解いた政池氏は、かなり多額の金を金鳳国兄に渡しながら「アメリカから海岩君が、お父さんに渡してくださいという言付けのお金です」と言うのだった。そうして残りのお金を全て私に預けながら、「これを宋兄と私の全ての費用に当てて下さるように」と言うので、思いがけないことで私はびっくりしながらも、なんだか情けない気持ちでぼーっとしていると、こんどは金兄が「海岩の手紙に、その先生の為ならお金を惜しまないようにということと、お父さんもこの機会に一緒に旅をされてはいかがですかとのことですから、これも兄貴（私のこと）と私の費用として使いましょう」と言いながら、政池氏から手渡されたものをそのまま私へ渡すのであった。

私は身の置き所を知らぬままに、なんとなく安堵感を覚えるのだった。しかし私は面食らってしまった。この思いがけない解決に感謝と喜びを禁じ得なかった。考えてみれば、私の一生はいつ何事においても大体がこんな調子で、予め準備され許されて生きてきたのだけれども、私の不信の故に、いつも驚いてしまう。どうして私はこうなのだろうか。キリスト者は貧しくても不足がないのは「エホバ・エレ」、すなわち神が全てのものを予め準備して下さるからである。在米の金君が送ってくれたお金によって、私が旅行することになろうとは、全然想像だにしなかったことだった。

同じお金であり、また我々の暮らしの中で神のお許しによらないものはないはずなのに、これとあれとを区別して考えるのはなぜなのか、私にはわからない。とにかく、日本の政池氏が韓国を訪れたのは感謝である。とりわけ、彼と共に私が伝道旅行をすることができたことは、嬉しさと感激で夢心地である。私の盃は溢れるのだ。

私は夜には梧柳洞で休み、昼には貞洞ホテルで政池氏と時間を共にすることが日課のようになった。感激の一日が過ぎて翌八日になった。その日は終日雨が降った。午後の五時半から忠武路二街の「郷園」という料理屋で、初集会をもつことになっている。咸錫憲、宋斗用、柳達永、盧平久の四人名義で招待状を出してあったのである。

張利郁、朱耀翰、厳尭燮、張俊河、池明観、金成植、高秉国、鄭濬、朴泰錫、鄭泰時、安秉煜等々その他は多くの旧政治人、教育者（おおむね大学教授）、言論人などの諸氏と、主催側の四人の他にも張起呂、崔泰士、朴勝鳳、金雲虎など、親友諸氏を合わせて四十余人も集まったし、朝鮮日報社では記事にするため記者を派遣し、撮影までした。

食事を共にしながら、まず感情問題、経済問題、道義問題などさまざまなお話を忌憚なくすることができて、本当に嬉しかった。甚だしい対立にまではならなくても、若干理解できない人も多少いて残念だったが、お互い隠すことなく話し合うことができて、爽快だった。

その中でも柳達永兄と鄭濬氏などのような人は、信仰の話だったせいか、もう少しお互いの理解を深めたいと考えたのは、必ずしも私の主観的な思いだけではなかったと思う。私こそは今回韓国の錚々たる人士と対面でき、多くのことを学び得たことは大きな収穫であった。

それだけではない。率直に告白して、この夜のように社会の各界各層は勿論、前長官、前国会議員、前大使、前公使など高官クラスの人たち、そして大学教授、学長、総長等々の学士、博士、そして重役と言論界の重鎮など、わが国の一流クラスの人士たちと共に、このようなことで席を共にしたのは、私としては六十年の生涯で初めてのことなので、人間的あるいはこの世的には大きな光栄なのかもしれない。しかし敵を愛し、そのことの為に身を挺してやって来た一人の日本人の前には、誰一人誇るべきことはないであろう。

とにかく、この夜（八日）の集会は面白かったし、楽しかった。解放後二十年振りに、初めて日本人を囲んでのこのような意義深い集いを持つということは、私としては初めてのことなので、感謝であり奇しきことであった。食事のかたわら対話を交わすうちに、九時過ぎになって別れたのである。街に出たら雨は止んでいて、空には星が輝いていた。私はお客の宿所のホテルまで同行して、梧柳洞に戻ったらかなり夜は更けていた。

いつのまにか三日目の九日を迎えた。今日はこれといった計画がなかったので、二人で静かにホテルで一日を過ごし、夕食のために街に出たついでに、花鉢を一つ買った。

ある姉妹がお客様のために買って差し上げるよう頼んでくれたものである。幾つかの花屋を回ってみても適当なものがないので、仕方なしに未だ咲ききらない黄菊を一鉢買うことにした。政池氏はとても喜んでくれた。そして言うのには、街の中である女学生が自分を韓国人だと思い違いして、道を聞いてくれたと大変喜ぶのだった。我々はお互いがこのように見分けができないくらい似通っていて良いというのである。そうして、花屋では日本人だということに気づいて、店主の女性が日本語で親切謙遜に対してくれたので、どんなに嬉しく有り難いか、ただ感激の至りだと言われるのだった。「私は謝罪のために来たし、死までも（少なくとも殴られるか冷い仕打ちくらいは）覚悟していたのに、こんなにまで歓迎してくれるし、どこへ行っても人々は皆親切に対応してくれるのだから、かえってもったいなくて恥ずかしい限りです」と言われ、心から満足して、繰り返しお礼を言われるのであった。私もやはり嬉しかった。

十日の午前には「クリスチャン新聞社」の記者がホテルに訪ねて来て、色々と問答をした。記者は大変熱心であった。正午からは延世大学の講堂で数千人（二千か三千かよく知らないが）の学生たちに話をされた。私が大学生たちのチャペルの時間に参加したのは今回が初めてである。とにかく学生の数も多いためか、静粛さが今一つであった。全校生が一緒には集まれないので、毎日分けて集まるとのことだった。政池氏の通訳には校牧室長の神学博士李鐘声氏がして下さったが、実に堪能であった。

夜には市庁前の中国料理屋「大麗都」で、比較的無教会カラーの、そして、大体において若者たちの歓迎会を催した。女性も何人かいた。活発な問答が交わされた。全部ではないけれども、やはり八日の夜よりは信者が多かったせいか、自由な雰囲気で楽しく過ごした。食事後、一人ずつ順番に発言した。

その夜は前回よりも少し遅くまで会合が持たれた。写真も撮った。高秉呂、朴胤圭、劉熙世、李瑨求、朴勝鳳、その他にも、わが無教会の兄弟たちが多数参加したし、金鳳国兄は夫妻で参加したと記憶する。近来稀な、嬉しくて感謝溢れる一日であった。

（一九六四・一〇～六五・二、『聖書信仰』第四～八号）

韓日国交正常化の問題

私は政治、経済、文化などに対しては知識のない人間である。もちろん、分かっていないということは必ずしも正しいとか善いことだとは考えない。要するに現実問題を無視するとか疎かにすべきでは決してないし、むしろ私は現実問題を本当に正しく取り扱うには、まず信仰の問題、個人であれ社会であれ国家であれ、神との関係を正さねばならないのだと信じるがゆえに、その関わる人と問題の如何を問わず、まずは全ての問題の根本になる我々の霊魂の問題を最も重要視し、最優先して取り扱うべきことを言っているのである。

それればかりではない。政治は政治家に、経済は経済人に任せ、教育者は教育に、宗教家は宗教に忠実であるべきだと私は考えるのである。そういう意味で、ただ私は全てのことに無知、無能、無学、無力である上に、さらに、最も弱く、甚だしく足らざる者であるが、私もキリスト者の一人として、この世の全ての問題を無視するとか排斥しようとするのでなく、むしろ問題が大きければ大きいほど、重要であれば重要なほど、人々がもっと神の前に頭を垂れて祈るべきであり、また、祈り求める中で聖なる意志を明らかにし、謙遜と、真実と、良心と、信仰に従いながら、全てのことに忍耐し待つ態度を取り、そのようにする中で現実問題も慎重に取り扱い、解決していくべきだと考える。

最後にもう一つ考えるべきことは、事件が大きくて重要であるほど、人間の知恵や努力よりも、即ち、人間が先頭に立つよりは、そして群れや徒党を組むよりは、一人ひとりが静かに隠れたところに在ます、しかし全知全能の至高者であられ、真と善と愛で最善を行い成就したもう神に依り頼み、全てのことはまず聖書の御言葉を基本にして語り、行動すべきだと私は信じるのである。

そうだ、私は信仰者である。イエスを神の子であり人類の救い主と信じる者である。それゆえ、彼の御心と御言葉に従って語り生きることを願い、そして努める者でありたい。

イエスは「あなたの剣をもとの所におさめなさい。剣をとる者はみな、剣で滅びる」（マタイ二六・五二）と言われたが、それは武器を使ってはならないことは勿論であるが、また暴力を使ってはならないという意味にも考えられる。それだけではない。過ぎた感情や憎しみや悪意なども武器や暴力でないと誰が言えようか。そうして、イエス様は「敵を愛し、迫害する者のために祈れ」（マタイ五・四四）また「何事でも人々からしてほしいと望むことは、人々にもそのとおりにせよ」（マタイ五・一二）とも言われたのである。そう言った全ての面から考えて、我々はここで言われているような意味で、また、ここで言われている程度と範囲内で、全てのことを処理し解決すべきであると信じて少しも疑わない。

ところで、こともあろうに韓日問題や関係はどうかという問題にぶつかろうとは。しかし、今やこれは我々の目前に置かれている問題の一つとして、韓日国交正常化に対する協定調印のため、民族全体が関心を集めているばかりでなく、騒然としているのが実状なのだから、国民の一人として、あるいはキリスト者の一人として、考えていることを言おうとしているに過ぎない。

例外があるかも知れないが、韓日問題に対して、原則や根本問題から反対するとか文句を言う人はそう多くはないようである。要は政府の態度が低姿勢だとか屈辱的だとか、または賠償が少ないので損であるとかが、反対や文句の原因と動機であると考えられている。もしそうならば、いわゆる信仰者を自認する我々の態度は如何にあるべきか、また、我々の為すべきことは何かということが問題である。もちろん、いくら善意に考えても日本が韓国を侵略したことと、三十六年間も占領して植民地扱いをしながら、民族を差別し人権を蹂躪したことは、良いことをしたとは決して言えない（我々の過失や足りない点もあろうけれども）。それゆえ、人間の感情としては言うまでもないことだけれども、真理と正義または人道的立場からしても、日本は決して正しくはない。それゆえ、韓国人は決してこの問題に対して低姿勢で屈辱的な態度をとるとか、賠償額を損をしてまでして国交正常化をする必要は全くないばかりか、決してしてはならないことは明白ではないか。したがって、もし革命政府が明らかに屈辱的で不利益であることを省みず協定を推進するとするならば、国民が反対するのは当然なことであり、特に政治家は屈辱に対して、経済人は不利益に対して、全国民を代表して非難はおろか、決死の覚悟で反対して阻止のために最大限の努力をせねばならず、そうすべきことは人間の常識であり、知識人の責務ではないだろうか。

そして、血気盛んな正義感に燃える若い世代、特に大学生が騒ぎ立てるのも首肯できるし、共鳴するところがなくはない。しかし、より高い次元に立っている真の意味の知識人であり、また最も冷静な立場で国民を指導し、深奥な学究に勉むべき重大且つ高貴な位置にある学者や教授たちが、政治や経済などに関して行動に参加したり、ましてや先頭に立つということは考えものであり、慎むべきことではないかと私は考えるのである。しかし、一歩退いて、大学教授もこの世に属した人間なのだから、それもありとしよう。

とは言え、いわゆる信者という人々が、それも平信徒でもない指導者であり教職者たちが、しかも個人ならぬ群れをなし、党派を組んで進み出るのみか、扇動まですることは私にはどうしても納得がいかないばかりか、決して許されないことではないだろうか。しかもそれが他の宗教でもない、他ならぬキリスト教が最も先頭に立つということは、全くわからないことである。

　しかし百歩を譲って、キリスト者も人間であり、韓国人の一人として耐えられずこらえ切れないとするならば、キリスト者はキリスト者らしくできる、否、なすべき方法がいくらでもあるのではないだろうか。まず祈るということである。祈祷は隠れた所で捧げるべきであって、宣伝や広告をするように、マイクの前で躍起になって叫ぶことではないはずである。しかし、必要だと考え、本当に願うならば断食も良いけれども、どうしてもというならば頭髪に油を塗ったほうが良さそうなのだが、わざと頭や髭を剃ってあちこちを歩き回って多くの人に会うということは、たとえそれが自慢、広告、宣伝、ましてや扇動という意味ではないにしても、なんだかしっくりしないし、どこか不自然なことではないだろうか。さらに韓国の教会は、なんだか宗教人の代表として自慢をしているような印象を与えるのはなぜだろうか。

　最後にもう一つ考えるべきことは、彼らがそうしているのは、はたして神の御心であり、啓示または命令だと確信しての行動だろうかということである。その点が最も重要であり、どうなのか甚だもどかしい。みんなが騒いで立ち上がっているから、やむを得ず面子（めんつ）上、あるいは世間の視線を恐れてのことではないにしても、どうしても疑わしく、恥ずかしくて心痛むことは、はたして私の誤解であり錯覚だろうか。

　それにしても、この世の驥尾（きび）に付しているのでもなく、前へ出て大言壮語して我々も生きているのだと言わんばかりに、否、実は真の愛国者は自分だけなのだとでも言わんばかりに躍起になって動き回ることが、はたして信者として取るべき正しい態度であり、信仰の立場を守り、良心ある者のなすべきことなのか、私にはわからない。私の無学を悲しむのみである。

しかし、我々はもう一度考える必要はないだろうか。まず、我々は神の御前に立ち帰らなければならない。これが我々にとって最大の最優先の責任なのである。そうして敵を愛さねばならない。私を憎み害しようとする者を赦すのが信者の為すべきことではないのか。日本は明らかに我々の過去の仇敵であった。しかし、我々は日本の政治家だけを相手にすべきだろうか。

それゆえ、我々は問題の中心を忘れてはならない。もし我々がいくら知識がないとはいえ、信者である以上は、少なくとも信じる者とは手を握らねばならず、そうできることではないだろうか。おそらく日本にも必ず信者がいるはずである。いくら少数であろうと、私のような者も日本に真実なるキリスト者がいることをよく知っている。それだけではない。日本ではすでに、教会側では尾山令仁牧師が、無教会側では政池仁氏が、自分たちの先祖が韓国人にしでかした悪行を謝りに昨年（一九六四年）訪韓したではないか。そして、もちろん日本に信者は彼らだけではないはずである。それ故に我々韓国のキリスト者はまず彼らと親善融和し、お互いに愛しあうべきことは論をまたないし、それよりも、実は既にキリストに在って一つになった存在ではないのか。なぜならば、我々はみな等しく天国に国籍を持った一つの国の同僚であり民であり、それよりも、同じ神を父に仰ぐ兄弟姉妹であり、家族なのである。今我々は和睦すべき存在であって、我々の仲は敵としての隔ての中垣がすでに崩れ落ちたのである（エペソ二・

一四〜一五)。まことに驚くべきことである。

それなのにどうして韓国の教会人たちは今、事新しく世の中と手を握って騒ぎ立てるのか。これは動乱であり付和雷同でしかない。それゆえ、韓国の信者たちよ、我々はすべからく日本の信者たちと共に、この地球上で神の御心が成り、永遠なる平和が完成するように、まず祈りを以て願うべきである。また十字架の下で神の愛により手を握り、国と民族と、そして世界と人類の救いと平和のために力を注ぐべきではないか。これはどんなに貴いことだろうか。

愛国同胞たちよ！　正義の同志よ、信仰の兄弟よ、力を合わせよう！　そうして皆一緒に手を握って、主に祈ろう。しかし形式や制度や組織のようなものでなくて、ただ精神的な武装に努めて準備し、十字架の旗の下に集まって一人ひとりが置かれている場所で、所与の仕事に励み、尽力すべきである。

そうすれば必ずや個人、家庭、社会、国家、民族、ひいては世界の平和と人類の救いが完成されるはずである。キリストの十字架の外に救いも平和もないのだから。主に立ち帰ろう。

(一九六五・九、『聖書信仰』第一二号)

堤岩教会の再建問題

前号には、「藪(やぶ)から棒」式に「堤岩教会再建のための募金」に対する政池先生の文章と、「堤岩教会の起工式」に対する高橋三郎兄の文章を転載したのだが（編者註・前号の文章は省略）勿論、このことを既知の方は理解できるでしょうけれども、内容を未知の方は訝(いぶ)かしく思い、むしろもどかしさだけを誘発したかもしれない。申し訳なく思い謝ります。

一体「堤岩教会」はどこで、再建問題の発端はどういうことなのか、ということすら未知の方もおられるかもしれない。しかし、これくらいは韓国人として、そして、キリスト者として知っておいたほうが良さそうなので、述べてみることにする。

まず私自身が漠然と「三・一運動当時、水原附近で日本の警察が教会に村人を集めておいて、石油をぶっかけて焼死させた」という程度の話を風の便りで聞いて、おぼろげに記憶していた有様であったことを告白して、私の無関心と不徹底を恥ずかしく思う。

事件は今から五十余年前のことである。一九一九年三月一日に「朝鮮の独立運動」が韓国全体で起こった時のことである。水原から遠くない今の華城郡（当時は水原郡）向南面堤岩里という小さな村に、それこそ「藁葺き三間」とでも言える小規模な教会があった。

ところが、その年の四月十五日に日本の警察（実は、当時は田舎には警察でなくて憲兵が駐在していたので、巡査でなくて憲兵）が村人を教会に集めておいて、ドアに錠をかけ、石油をぶっかけた後、火をつけて焼き払ってしまったと言う。焼死者は全部で二十九名であり、おおむね二十余歳の若い人が多かったようだし、その中には女性も二人いたという。

しかしことはそれで終わったのではなかった。家族を探しに来た人たち、または夫の悲惨な死を悲しんで慟哭する花のような新妻、そうして反抗する人々は言うまでもなく、手当たり次第に銃や刀で殺したという。それでも足りなくて、最後には村に火を放って人と家畜まで皆殺しにしたのは勿論のこと、家一つ残さず村全体が（さほど大きくはなかったようだが）瞬時に廃墟にされてしまったという。そういうわけで、その村には一軒の家屋も残らなかったという。それだけではなく、その附近一帯はいろいろな形で多くの被害を蒙ったという。そういうわけだから、死人は二十九名だけではなかったはずである。詳しい数字はわからないが、多くの人々が犠牲になったし、負傷者や災難を蒙った人々は数百、数千にのぼっていただろうと推算される。なんと悲しくて怨めしい、理不尽なことだろうか。まさに驚くべき事件である。

しかし「堤岩里事件」は独立運動をしたとか、独立万歳を叫んだから起こったのではない。聞くところによると、そこに駐在していた一人の日本人憲兵が大変暴虐で平素住民たちを大変苦しめてきたという。そういう矢先にちょうど三・一運動が起こるや、村民の中の何人かがこの機会とばかりに復讐の手をのばしたらしい。袋だたきにしたものと考えられ、結果はよくわからないが、殺してしまったらしい。これが引き鐘になって、結局「堤岩里事件」が起きたのだという。しかし、今になって誰もこのことに対して可否を言える手がかりもないし、したがって、我々もあえてこれに対して論評を加えたくない気持ちであるのも事実である。

細かい記述ではないが、以上で堤岩里虐殺事件の概略を述べたように思う。そして既に述べたように、この事件の真相をよく知らなかったのは私だけではないようである。だからなおさらのこと、日本人たちが知らないのはむしろ当然なのかも知れない。ところで敗戦後、日本では言論と出版の自由の結果だろうけれども、過去、敗戦前の日本帝国主義時代における彼らの隣国に対する全ての過ちを知ることになるや、多くの人々、特にキリスト者たち、わけても無教会の信者たちがほとんど総蹶起して、本当に酷い罪をしでかした。罪を犯したのは五十年前の先祖のやったことだけれども、その子孫にも連帯責任があると考え、懺悔と悔い改めは勿論、今になってどうしようもないことだけれども、それでもまず虐殺された人たちの子孫の韓国人に直接謝罪しなければと決心をしたのである。そうして教会側でも多数の人が来韓して、各所を訪ね歩いて多くの人に謝罪したし、また無教会側でもそのようにしたのは、我々の周知するところである。彼らは出会う人々の誰に対しても言葉では勿論、行動によって一層心からの謝罪をしたのであった。しかし当然ながら、教会側は教会員たちに、無教会側では無教会の信者たちにより多く接することになったが、その範囲が限られるのはやむを得ないことであり、またそれが自然なのも事実と言えよう。

無教会側で謝罪のため一番最初に韓国を訪れたのは、無教会の創始者の内村鑑三の直弟子であり、無教会陣営の重鎮で指導者の一人である『聖書の日本』誌の主筆政池仁氏であった。先生の訪韓は未だ韓日間に国交正常化もできていない前に、危険を冒して、甚だしくは出発を前にして死を覚悟の悲壮な決心をされたということである。家族と知友たちは大変心配して、訪韓を押し留めたり妨害した人さえいたという。先生は私と共に内村の門下で信仰を学び、共に気を許しあった親しい友であるけれども、むしろ私は彼を師と仰ぐ心情である。事実上私は彼に多くのことを学び、いつも慰めと大いなる愛をいただいている。

過去に結ばれたお互いの怨恨（えんこん）を解き、和解と親善のため訪れてくれることは貴く有り難いことであるが、特に私にとっては、信仰の友であり霊の家族、特に一人の師、それも霊の父なる内村先生の門下で共に学び育った兄弟の政池兄を迎えることは、何にも比べがたい喜びであった。

しかし、彼にとってそういったことは第二の問題であり、付随的なことに過ぎず、ただひたすら韓国人に謝罪し和解と親善を得ることを彼の使命と考え、そのことに心と誠意を傾けたのである。私はただ感激の至りであった。

政池兄が訪れて後、続いて多くの人が訪韓した。彼らの目的は皆謝罪することである。藤澤武義兄をはじめとして、堤道雄兄弟、武祐一郎博士、鈴木弼美兄、佐藤司郎氏等々、その他にも多くの若い兄弟姉妹が訪れた。そうこうする中で、私も堤岩里事件を逐次知ることになり、また彼らと共に、堤岩里教会と犠牲者たちの記念碑が建っている現地を数度行って見ることになったのである。キリスト教同信会の藤尾正人兄が来られた時も、私は元敬善兄と共に同行した。これらのことは全て良かった。別に問題はなかった。すでに述べたように、教会側でも多くの人たちが訪れたことを知っている。その中で尾山令仁牧師には、私は数回お会いしたことがある。

このようにして、多少ではあるが韓日間に解放後二十年も閉ざされ、積もっていた憎しみの垣根と怨恨の氷塊が少しずつ壊れ、融け始めたものと感じる。

今になって回顧してみると、考えるだに恐ろしくて身震いする事件が事新しく感じられ、うなずけることが一つ思い出される。それは李承晩政権当時の排日思想である。勿論ある意味では当然で、妥当で、自然なことなのかも知れない。しかし「敵を愛せよ」というキリスト教の立場から見れば行き過ぎたことであり、間違ったことではないかという気がする。愛まではいかなくとも、あんなにまで切歯扼腕して不具戴天の仇敵のように対するならば、その結果はどうなるだろうか。はたしてそれはこちら側にも有益に作用するだろうか。

ああ！　もう一度考えてみるべきではないか。憎む心それ自体が苦しみなのではないか。苦しみを抱くことは重荷ではないか。「平和をつくり出す人たちは、さいわいである、彼らは神の子と呼ばれるであろう」（マタイ五・九）。「愛する者たちよ。わたしたちは互いに愛し合おうではないか。……神は愛である」（一ヨハネ四・七〜九）。

（一九六九・八、九、『聖書信愛』第一三六、一三七号）

あまりにも日本的ではないのか

私は一九七〇年代を迎えながら、本誌一月号に「無教会の看板を下ろす」という文を発表する際、「私が無教会の看板を外すのは、実はもう少し正しい無教会信仰に生きたいという心情から、このように矛盾した逆説的な行動を敢行するのである」という意味の言葉を述べたことを記憶している。そして、金教臣兄が『聖書朝鮮』誌に「無教会看板撤去の提議」という文章で、「我々は過去において無教会人として振る舞ったように、将来においても無教会人という渾名で信仰の道を終始することを予想し、祈願する」という言葉を引用したりもした。繰り返して言うが、私が無教会の看板を雑誌から外したのは、無教会という言葉や、ましてや精神を捨てようとするのでは決してないし、かえって「似合わない看板」を下ろすことによって、今まで「あまりにも不徹底で不忠実であり、不透明で生温かった」私の無教会信仰を、遅まきながらもっと徹底（？）して忠実透明にしようとする心情からしたことである。

私は、「無教会信仰は霊と肉とをはっきりと判断し、公と私とを正しく区別することである」と常に考えている。しかし、私は急にそのようにできるというのではなくて、そのようにできるようにやってみようとするだけである。私はそのようにするため、今後はもっと「無教会信仰」を学ぼうという考えを持つことになった。それに何よりも、無教会信仰の張本人の内村鑑三に直接学ぶことが早道ではないかという考えである。そこで、これからは内村の信仰を学ぼうと思う。まず彼の入信の動機、そして入信初期の生活を知るべきだとの思いで、彼の有名な著書で信仰の歩みを書き綴った日記、『How I became a Christian?』（『余は如何にして基督信徒になりし乎』）という本をもう一度読んだ。この本は一八九五年に刊行されたものである。著者が英語で書いたのは、外国人が相手の著作だからである。ところが、英語圏の英国と米国でも歓迎されたけれども、続けてまずドイツ語で、次にはフィンランド、デンマーク、スウェーデンなど欧州各国語にも翻訳されて、ほとんど全世界に広まった本である。しかし不思議にも、本国の日本では長い間訳されていなくて、一八九五年に出版された本が、四十九年後の一九三五年に日本語に訳された。私は英語の原文を持ってはいないので、日本語に翻訳されたものを韓国語に翻訳する仕事を自信がないままに、読者と共に勉強のつもりで着手した。

私は卑怯で愚かなせいかも知れないが、日本人の文章を訳そうとする場合、ことさらに一言弁明をしなければならない。なぜならば、この本は日本人が書いたものであるだけでなく、民族主義者というよりは国粋主義者と言っても言い過ぎではない、それこそ生粋の日本人の著書だからである。この機会に私は率直に私の心（良心）を打ち明けて告白するが、恥ずかしいことではあるが、日本人ではない私の訳文から、韓国人の私から韓国人の匂い以上に日本の匂いが出たらという懸念がして、いつも用心はしているものの、一部の人たちから親日派と誤解されはしまいかという恐れを抱いているのである。

ところで、もし誰かが私に向かって、「やはり、あまりにも日本的なのでは？」と問われたら、私はどうしたらよいだろうか。この問いの意味するところは第三者としては理解しがたいだろう。あまりにも急所（痛い所）を突かれたわけだから、どうして耐えられようか。とりわけ、私のように愚かで卑怯者においてはなおさらのことである。したがって、これが弁明になるのか解明になるのかはさて措き、内村鑑三はたしかに私にとっては恩師であるどころか、わが霊魂を育ててくれたと言うよりも、生命の道を明らかにしてくれた霊の教師であり父ではあるけれども、韓国においては不倶戴天の仇敵と思われている日本人の文章を翻訳して発表するのだから、大変な過ちなのかも知れないので、謝りと許しを兼ねて読者に前もって理解を求めるのである。

しかし、ある者は、「それくらいのことをそんなにまで深刻に考える必要があるのか」とか、「今まででやってきたことなのに、何も今さら言うこともないのでは？」と言って、疑問や質問を浴びせる人がいるかもしれないが、それは間違いである。私も今まではそのように考えたので、感情とか国境などは重視せず信仰本位という意味で、韓日親善または韓日和解などの程度でなくて、もし彼と我との間が、本当に真の信仰に立つとするならば、たとえ敵国であっても我々は主に在っての兄弟姉妹であり、また、お互いが霊的肢体の一部とばかり信じてきたので、このようなことをあえて計画し、実践して来たのは事実である。

ところで、ある人から「本の内容を見ると、日本の例や実情について述べることが多く、今からはこのようなやり方では我々のものとして受け入れられないと思われる」という丁重な忠告をいただいた私としては、いくら鈍感な者でも知らぬ顔で通すわけにはいかないし、また、それではいけないのではないか。

そこで今は過ぎし日のことを謝り、これから先のことに対して許しを求めると同時に、私の実情も申し上げたほうがよいのではないかと思う。私は国際的な人物ではないし、世界の舞台に立てないのだから、どうして大きなことを言えようか。したがって、私はあえて世界連邦とか四海同胞とかなどの言葉を言う考えは持てないにしても、私は信じると言いながら、どうして民族的国家至上主義だけを支持などできようか。それはあまりにも姑息的だと言うよりは、排他的であり非信仰的でなくて何だろう。それ以上に、あまりにも偏狭なのではないか。そういった思考方式で、どうして他国の宗教であるキリスト教を受け入れることができようか。仏教も儒教も韓国の所産ではないのだ。だとすれば、同じキリスト教であっても、日本を経て来たものはいけないというのか。不幸にも無教会が日本で始まったとしても、もしもそれが正しいものならば、それを学ぶべきである。そのためには嫌でも憎くても彼等と接せざるを得ず、彼等から学ばねばならないということは、悔しくもあり悲しいことなのかも知れないが、当然である。

しかし、おそらくキリスト教は国家的なものではなくて世界的であり、民族的でなくて人類的であることだけは否定できない。しかし、私は理論的にどうこうよりは真と善と愛を基本とする、そして「信仰の純粋性と徹底性」が問題だと考える。「やはり公的問題であって私的な問題ではありませんので、根本問題が正しくならない限り、すっきりした解決は難しいのではありませんか」という言葉は、むしろ、私のほうで申し上げるべきことのように思えるし、私は誰が何と言おうと、わが道を進もうと思う。

最後に一つだけ付け加えたいことがある。『聖書信愛』は私が主筆なのだから、全ては私が責任を負わねばならないのは言うまでもないことである。ところで、なぜか原稿を書いて下さる張起呂博士も朴碩鉉先生も同じように日本から学ぼうとされるだけでなく、最近はお二人が相談でもしたように日本の著作物を韓国語に翻訳して送ってこられた。私は約束も注文も全くしたことがない。むしろ、私はご自分の文章を下さることを願い待望する心情なのだが、翻訳ものを下さるのだから、どうしてよいやら。しかし、私はそれを反対も拒みもしないのは、彼らは信仰に生き、信仰本位で信仰（福音）のために上より許され、与えられるままに下さるのだから、ご本人の文章も翻訳物も区別なく送って下さるのだから、ただ感謝あるのみである。そこへ、今度は私までが、内村の著作の一つの翻訳書を出すことになって申し訳ない限りである。しかし、読者諸氏よ、お互い私どもはただ信仰のみを生かすようにしよう。私は内村の『How I became a Christian?』の翻訳を始めながら、「あまりにも日本的ではないだろうか」という危惧も非難も覚悟の上で敢行する理由は、これを読んでいけば確かに学び、そして得るものがあるだろうと信じるからである。神に感謝と賛美と栄光を帰することができることのみを望んでやまない。

（一九七〇・二、『聖書信愛』第一四二号）

監修者註・『余は如何にして基督信徒となりし乎』の翻訳分は『聖書信愛』一九七三年四月号（一七八号）から六月号（一八〇号）まで掲載された。

「梧柳文庫」について

『聖書信愛』の読者ならば「梧柳文庫」を知らない方はおられないであろう。しかしこの文庫も、実は『聖書信愛』の編集、校正、発送など、ご苦労の多い李瑨求兄弟が全ての労苦を担っておられることは、知る人が多くない。それだけではない。この兄弟はご自分の家を図書室に提供したが、本が多くなるや仕方なく家を改造して、それこそとても立派な図書室とし、礼拝の場所としても使っているのだから、どんなに有り難いか知れない。

私はこの機会に梧柳文庫の利用者たちに代わって、この兄弟に深甚なる謝意を表してその労苦を心から労(ねぎろ)うものである。それと共に、今後梧柳文庫を通じて多くの、否、一人でも本当に無教会の「信仰のみの信仰」を理解し、しっかりした無教会精神の信仰の闘士が、そして福音の伝道者が起こることを切に願うのである。

ところで、梧柳文庫の創設者であり日本側の実責任者の杉山直女史が、彼女の弟（杉山信太郎、愛農高等学校校長）と共に八月十五日に来韓された。その日の夕方、十余人の同志が梧柳文庫の図書室に集まって食事を共にし、信仰座談を交えながら神を賛美し、感謝の気持ちでお互い心を開き合って主に祈りを捧げた。杉山直女史は梧柳文庫を創設されたばかりでなく、今日に至るまで本と金銭を募って送ってくださることを続けていてくださるのだから、彼女の誠意と熱心に対してはお礼の申しようがない。この度も図書室の修理費に足してくれるようにと献金までされた。それなのに、我々がもしこの書物を充分活用できなければ何としたことだろうか。

直女史の令弟は大豆に関する研究が深くて、世界的な貢献が大きいという。もちろん農学博士であられるが、その謙遜さはそれこそ純粋な農夫という感じであった。彼女ら姉弟は、父上の杉山義次さんと母堂の杉山箴江さんとの敬虔で真実な信仰家庭で、信仰精神を受け継がれた立派な模範的無教会の信者たちである。

父上の義次さんは内村先生のご指導を受けられたが、若くして（三十一歳の時）病死され、母堂の箴江さんは若い姉弟を養育しながら、小学校の教鞭をとり、義父母を養って暮らしを立てて行かれたというのだから、ただ驚きで頭が下がるのみである。その母君は胃ガンの手術後も生き永らえられ、七十二歳で召天されたという。信仰の故ではなかろうか。

彼らはプルム学園とプルム園（訳註・キリスト教同信会の元敬善氏が始められた京畿道の農場）を視察され、研究と観光を終えて離韓された。ご平安を祈り、心からなる感謝と共に、主に栄光を帰する次第である。

（一九七八・九、『聖書信愛』通巻第二四〇号）

韓国の無教会と私

一九二二年の春、私は博士にでもなろうという考えで遠い東京へ行ったのだった。しかし、翌年の九月一日、あの恐ろしい関東大震災のため、残念ではあったが帰国してしまった。ところが、一九二五年一月から神経衰弱にかかってだんだん重態に陥ったので、医者は「三年以上の静養が必要」だとの宣告を下した。ところが不思議なことに、その時私はキリスト教を信じたくなったのである。否、イエス様を信じようという考えが起きたのだ。別に誰かに導かれてのことでもなく、ただ病を通じて、今までとは違う、否、正反対の道を歩みたくなったのである。それこそどうすれば良いかわからない状態だったのである。

正にその時である。ある日全く突然に、「もう一度東京へ！」という考えが沸き起こった。誰かに厳命されたような気がして、どうしようもなかった。そこで急いで東京に行ったのである。ところで、今度は博士でなくてイエス様を信じるために行ったのであった。その理由は東京には内村鑑三先生がおられたからであった。私は最初に東京へ行った時、二年先輩の柳錫東君が内村先生の集会に出席していて、私も彼の勧誘を受けてしばらくの間、衛生会館（この建物を借りて集会をしていたのである）に顔を出したことがあった。

しかし、当時は何も知らなかった。全く要を得ていない私であった。ところで、そのことが今度の歩みの準備になろうとは夢にも考えられないことだった。突然、「キリスト教なら内村だ。否、内村に限る」という考えが起きたからであった。そこで私は一九二五年五月頃から、とうとう内村鑑三聖書研究会の会員の一人として、堂々と柏木の集会に出席することになった。それが今から数えて三十四年前のことだから、私が二十二歳のときであった。今度は博士でなくて農夫になる考えで東京農業大学に入学した。

学校の勉強も大変面白かったが、それよりも日曜ごとの柏木集会に行って先生方（内村先生をはじめとして、畔上先生、塚本先生）の講義を聞くのが何よりも愉しみであったし、感謝すべきことであった。今まで味わえなかった真の幸せを感じたのは、生まれてこの時が初めてであった。

当時、柏木集会に韓国人が何人くらい出席していたかは詳らかでないが、ある日、下宿屋で同宿していた柳君と相談して調べた結果、咸錫憲、金教臣、鄭相薫、楊仁性など四人いることが分かって。それに、柳錫東、宋斗用を合わせて六人組になった。六人は柏木集会を終えてから、別の場所で韓国語の聖書をある期間研究したが、一九二七年七月から、六人は心を一つにして祖国に福音を伝えようと、『聖書朝鮮』というキリスト教無教会信仰雑誌を発刊したのである。

私は入信してわずか三年目にすぎないから、何を知っているわけでもないのに、大胆にも「人類の救いは何処より？」（監修者註・本双書八巻二一頁参照）という一文を寄稿して大言壮語したのは、今考えてみればおかしな話である。当時金君だけが学業を終え、残りの五人はまだ学生であった。ところがその年の秋、私は思いもかけず学校を辞めなければならない事情が起きて、結局祖国に帰ることになった。その後、四人も学業を終えて順次帰国し、各々職業を持つことになった。

初めは鄭君が雑誌の編集を担当したが、彼がしばらくの後に故郷に帰ってからは、金君がその後を引き継いで、一九四二年三月、いわゆる「『聖書朝鮮』事件」が起きるまで続けたのである。当時同人であった六人は勿論、（しかし鄭、楊、柳の三人は既に雑誌とは何ら関係がなくなっていたが）読者をはじめとして、同人たち雑誌に関係のある人たちは皆検挙されたのである。一九四二年といえば戦争がたけなわで、キリスト教に対する官憲の弾圧が凄かったのである。

我々は留置場と刑務所の生活を満一年ほどした後、翌年（一九四三年）の三月末に全員釈放になったが、雑誌は発行禁止となり、これ以上出せなくなったのである。各地で検挙された人はおそらく数百人に上るはずだが、大部分は警察で取り調べを受けた後、釈放され、刑務所には十三人だけが入れられたのであった。

そうして二年が過ぎた一九四五年八月に第二次世界大戦は終わったが、惜しくも金教臣君は解放を待たず、その年の四月二十五日に発疹チフスに感染して召天した。まことに悲しいことであった。戦争は終わったが韓国は南北に分断されたのだから、本当に不幸になってしまったことになる。それだけではなく、我々地上に残った五人もちりぢりになってしまった。そこで私は独立でなくて孤立してしまったので、寂しいことになった。あたかも韓国の無教会陣営はぺしゃんこになってしまったように考えられ、何とも言いようがない。

しかしその時、盧平久兄が勇敢に独り荒野に立ったのである。一九四七年に『聖書研究』を発刊して、無教会的純福音、即ち「信仰のみの信仰」を力強く叫び始めた。あらゆる苦難と戦って勝ち、今は八一号を出している。号数が合わないのは主筆の怠惰のせいでなくて、九死に一生の歩みであったからである。韓国の無教会的信仰の生命は、このようにして維持されることになたのである。

私は一九四六年一月から小さな雑誌（訳註・『霊断』）を始めたが、二十二号で中断になり、一九五〇年の春、再びペンを執って『隠れたくらし』を発行したが、今度は六・二五の動乱が起きてやむなくまた筆を投げたのである。その時雑誌などははっきりと断念してしまったのだが、どうしてもじっとしていられなくて、一九五五年六月から『聖書人生』を発刊して、今やっと四五号になった。まことに恥ずかしい話であるが、これが事実なのだからどうしようもない。

私は東京から帰って以来今日に至るまで、文字どおり、家庭集会を自宅で中断することなく三〇年間続けて来た。もちろん貧弱な集会で避難中には四、五人で集まったこともある。日帝末期、戦争の渦中で教会では礼拝前に東方遥拝（訳註・日本の宮城に向かって最敬礼すること）と皇国臣民の誓詞（訳註・朝鮮人を皇民化するために、一九三七年、朝鮮総督府が制定したもの。朝鮮の雑誌にはこれを巻頭に掲載することが義務づけられた）などを強制的にさせたが、私はそういったこととは何ら関係なく、平素どおり礼拝だけだったので、教会の信者たちも参加して、三十人以上が集まったこともあった。しかし平均人員は十人内外が普通である。ところが、どういうわけか今年になってからは二十余人が集まっているが、私には似合わないような気がする。教会では何百何千人も集まるらしいが、私は少数でも良いからイエス様さえ共にいて下されば、それで満足である。否、否、むしろそのほうが理想的であり、また幸せなことだと考えるのである。

戦後二、三年経って、咸君がなんとか北韓から三十八度線（これは確かに死線である）を無事越えて南韓に来て、集会と雑誌を始めた。個人雑誌は今中断しているが、日曜集会と地方への巡回講演をする傍ら、農場も経営しているので、多くの人々の尊敬を受けているのである。

全南光州の朴碩鉉君（会社員）、ソウルの高秉呂君（大学教授）、忠南大田の劉熙世君（大学教授）、洪城の朱鎏魯君（伝道者）、忠北沃川の金鐘吉君（女子高校教師）なども、皆集会を持っている。それのみか、朴君は私の雑誌に投稿もし、教会も助けている。高君は新約を、劉君は旧約を熱心に研究している。朱君は『聖書生活』（一九五二年一月創刊）を発刊する傍ら、李賛甲君を助けて無教会精神による中等教育もしている。李賛甲君は韓国における唯一の無教会主義の信仰本位の学校プルム学園を創設した教育者である。誰も皆この世では微々たる存在なのかもしれないが、皆熱心で真実である。

この他にも、ここかしこで小さな集会を持つか、我々のように一線に立つ者を助けて大きな力になり、福音のために励んでいる者もかなりいる。私のような者は顔も上げられない有り様である。正直に告白するならば、私が出している雑誌は大変貧弱であるが（それは私が怠け者で不徹底だからである）、それにもかかわらず、隠れた祈りと経済的な多くの協力によって続けられているのだ。それゆえ、韓国の無教会も決して萎(しお)れたり枯れたりすることはないものと信じるのである。実に感謝感激に耐えない。

最後に一つお知らせすることは、韓国にも塚本虎二『聖書知識』を始めとして、黒崎幸吉『永遠の生命』、矢内原忠雄『嘉信』、山田鉄道『無教会キリスト』、政池仁『聖書の日本』、斎藤茂『キリスト教常識』など無教会の雑誌が多くの人々に愛読されている。この多くの雑誌によってどれだけ学び、力と慰めを得ているか分からない。それはもちろん無教会の本場の日本に比べることはできないが、それでもやはり無教会信仰は純福音であり、また生命そのものであるので、韓国のような鈍い国民にも僅かではあるが根を張りつつあるものと考える。

考えてみると不思議でならない。もしも私のような欲望と虚栄心に溢れる者がイエス様を信じなかったとするなら、今頃どうなっているだろうか。考えるだにゾッとする。また内村先生のようなお方に接して学ばなかったならば、確実に今とは別の人間になっていたかもしれない。もしも内村先生が召天されて後今日に至るまで、『聖書知識』によって導かれなかったならば、はたして私は、万分の一でも内村先生の純真な信仰と深奥なる精神を体得または継承し得ただろうか疑問である。全ては神の限りない愛と豊かな恵みによることだと深く信じ、心から感謝して讃美せざるを得ないのである。

今日に至り塚本先生の信仰五十年を迎えるにあたって、万感胸に去来するのを禁じ得ない。恩師内村大先生より信仰の種を学び受けて、塚本先生によって育てられた、いと小さき私は、あえて鈍い筆を執って韓国の無教会と私自身の貧弱な、そして、恥ずかしい姿を塚本先生をはじめ日本の皆様方にお知らせする次第である。

（一九五九・六、『聖書人生』第四六号）

入信の経路と伝道

私は「仏教の家柄」といえば言い過ぎかも知れないが、母が仏教を信じた関係で、ときたまお寺に行ってお坊さん（キリスト教の牧師と同じ）が説法するのを聞いたこともあるし、お供養をするのを見物したこともあり、時には家で母と共に念仏をとなえたこともあった。それだけではない。年に六回ずつ一中（一日に一食だけすること）を共にしたことさえあった。しかし、私自身が仏教を信じたのではなかった。また私は学問があまりできなかったので、儒教に対しては知っていることがほとんどない。ただわが国は儒教が浸透していたので、冠婚葬祭をはじめとして、全ての習慣と風習が大部分儒教的なので、私もその中で暮らしたのだから、生活や思考方式がある程度儒教的だったことは当然である。しかし、儒教を最高の理想と考えたことはない。むしろ仏教を信じたいと思ったことはあったような気がする。

それよりも私は、万事において真実さや深刻さがなく、徹底もしていない性格なので、人生に対して別に深く探し求めるとか門を叩こうとはしなかったのが事実である。そのせいかはわからないが、私は幼時から私自身に対して何ら自信を持っていなかっただけでなく、むしろ、私自身をコンマ以上の人間に評価しようという考えを全く持てなかったし、むしろ、誰よりもつまらなく足りない人間と思ってきたのだった。とにかく、私は臆病で愚かなことだけは事実である。

ところが、そういう私が二十一歳になった年の早春、（あるいはその前の年の冬からかも知れないが）高度の神経衰弱症にかかり、とても苦しんだことがあった。ほとんど飲食をとれず、骨と皮がくっつくほどになったばかりでなく、何よりもひどい不眠症のため、その苦痛は大変なものだった。こういう調子なので、結局神経が鋭敏で万事が嫌で煩わしく怒りっぽくなり、不平不満の中で落胆、失望、悲観でいっぱいになっていたのは勿論である。結局私は廃人のようになったのであり、厭世感で満たされていたのである。

ああ！　ちょうどその時であった。私は思いもかけずキリスト者になったのだ。本当に不思議なことである。キリスト教は私と最も因縁が浅いというよりは、全然関係がないといっても過言ではないのに、急に私がイエス様を信じることになったのは、全くわからないことである。しかし、それが事実なのだからどうしようもない。

私はおそらくその年（一九二五年）の三月末頃、二度目に東京へ行き、最も見ばえのしない大学に入学して勉強しながら、日曜日には無教会信仰の創始者である内村の門下で聖書を学ぶことになったのである。今考えてみると夢のようである。一体私が、いや、私のような者があえてキリスト者になろうとは、と私自身驚かざるを得ない。（今考えてみると、明らかに神の御心だったと信じるのだが。）

しかし、私は満三年も足らずして帰国した。勉強ができなかったことも残念だが、それよりも信仰をより深く学べなかったことが、本当に悲しく心残りがしてならなかった。しかし、すでに私の人生のコースは変わってしまっていた。結局私は「坊主にもなれず、俗人でもなし」との諺のように、まともな信者にもなれず、不信者でもない、中途半端になったことになる。

それにもかかわらず、その時私は明らかに人生の岐路に立ったのであった。私は二者択一の危機に出会ったのである。しかし、私はためらわずに伝道の道を選んだ。これは決して私にとって骨の折れることではなかった。なぜか私には、「信者は伝道者である」という考えがいつからとはなしに心の中に深くあったからである。そこで、私は何の考えもなしに『聖書朝鮮』の同人たちと共に集会もし、雑誌に投稿もしたのである。もちろん不忠実、不徹底は免れなかったけれども。

私が聖書集会（家庭集会）を始めてから、いつの間にか四十年が過ぎた。私が単独で雑誌を出したのは解放翌年（一九四六年）からと記憶している。しかし、私はなぜか私自身が伝道者だという考えは少しもないのだから、不思議なことである。それは真実に欠けていたためのように思われる。

ところが実はそうではないかも知れない。なぜならば、伝道は決して集会を持つとか雑誌を出すことだけではないからである。まことの伝道はまず自分自身が信じることである。本当に信じることである。イエス様を神の子として、そして救世主（キリスト）として信じることである。この世がどうなろうと、誰が何と言おうと、そんなことは少しも気にせず、ただ信じるだけのことである。そうして「来て見よ」とイエス様を指さすだけである。そのようにして彼自身が親しくまみえて、イエス様が神の子でいますことを知り、同時に、彼だけを救い主と信じるようにすることである。そのことだけが、人としてできることである。人間が人間を信じさせることはできない。また、人間の如何なる行為によっても人間は信じることができないし、信じるようになるのでもない。人間はただ自分自身が見、聞き、接した後、とうてい否定することができなくて、信じてしまうのである。それはサマリヤの人たちが、「来て見なさい」（ヨハネ四・三九）と言ったその女に言うのには、「わたしたちが信じるのは、もうあなたが話してくれたからではない。自分自身で親しく聞いて、この人こそまことに世の救主であることが、わかったからである」（ヨハネ四・四二）と言ったのと同じである。

それゆえ、私はあえて伝道者だと言うことはできないし、そのように考えられもしないのは当然のことのように思える。もちろん人間には使命がある。そして、神の御言葉を伝道して、人をして信仰の道を教えることを使命にする人もいるはずだ。そういう人を世の中では伝道者と称するようである。それでも差し支えないと思う。しかし、私はなぜか私自身を伝道者だと言いたくない。間違いかも知れないけれども、仕方がない。

私が望むのは私がさす指がイエス様を正しく指すことができ、またそれを人が正しく見て正しく信じ、救われることを信じるのみである。これだけが私の切なる願いであり、私の最も大事な使命である。そうすることのために聖書を読み、お祈りをし、そして集会をする。しかしその他のことのために、言い換えれば知識のために聖書を読まず、自己満足や恍惚とした神秘境に耽溺するために祈らず、また人間本位、すなわち社交のために集まりはしない。それゆえ私は学者的立場で聖書の研究に打ち込まない。ただそこから「永遠の生命」を探求し、また病気を治し祝福をいただくためだけの祈りをせず、それよりも神の御意に従ってまず告白し悔い改め、毎日誘惑に陥らないようにと祈り、決してわが意のごとくならず、父の御心に従って為すべきことを喜びと感謝ではたすことができるように願う。ましてや、集会は決して人間を喜ばせるため、または人間の意志に従ってせず、ただ神を賛美しその方だけを喜び、その方だけに栄光を帰すため、それだけを願う者たちと共に賛美と祈りと感謝を捧げるために、席を共にすることである。

このようにしているうちに聖書の知識を得ることにもなり、祈りの中に聖霊のお働き、すなわち奇跡もあるようになるし、集会で愛を学び、その愛を実践することになるのである。このようにして神の御心を表わすエクレシアが成立するのである。決して人間が介入したり、人間の意図するところを集めて教会を作ることではない。私はなぜ人々は教会を作るのか、また作ろうとして苦労するのか、そうして今度は作っておいて争いや分裂をどうして起こすのか、全くわからない。ああ！　本当にわからないことである。

人々は私が無教会であることを非難する。しかし、イエス様は明らかに言われた。「神は霊であるから、礼拝をする者も、霊とまことをもって礼拝すべきである」（ヨハネ四・二四）と。それゆえ、我々は如何なる形式も制度も願わず、ただ霊と真理でのみ礼拝し、また仕えるのである。したがって、イエスを信じる者は特別に伝道者として別にあるのでなく、信じること自体が伝道であり、そういう意味で信じる者は誰でも伝道者なのである。我々は専門的な伝道師を求める前に、誰でも信じ、努めて伝道すべきである。そうして、我々の伝道はただ「来て見よ」（ヨハネ一・三九、四六）と言うだけある。これが我々の伝道であり、所信である。

（一九七〇・七、『聖書信愛』第一四六号）

入信五十年の回想

——私が体験した関東大震災

最近のことはおろか、今さっきの事も記憶できない私が、五十年前のことなどを語るということは全く不可能というよりは、むしろナンセンスだと私自身認めながらも、あえてペンを執る勇気を私に許された方は、主であられることを信じてこの文を書き始める。

私は一九二二年、十九歳になる年の三月に四年制の高等普通学校（今の中・高等学校）を卒業して、日本の東京へ渡航した。ある中学の三年生に編入することが約束されていたが、何かのことで遅れたために駄目になり、予備学校に通うことになった。当時韓国では普通学校が四年、高等普通学校が四年であったが、日本では小学校が六年、中学校が五年だったからである。私は明くる年の一九二三年春に、ある中学校の三学年に編入した。夏休みを故国で過ごし、八月に東京へ帰ったが、九月一日には学校へ登校せず、何らの目当てもなしに東京市内をうろついていた。別のことを夢見ていたからである。私が牛込の近くをうろついていた時、急に地面が激しく揺れ動いた。次の瞬間方々から喚（わめ）き声がどっと挙がった。あちこちの家々から人々が飛び出して泣き叫んだ。その瞬間、私はある家の周囲を囲んでいる板の塀を両腕で掴んで意識を整え周囲を見回したところ、瞬時に世の中は変わってしまった。どれだけ騒然としているかわからなかった。前後左右が修羅場になっていて、阿鼻叫喚（あびきょうかん）の惨状であった。全ての人は度胆を抜かれて為すすべを知らず、ぼんやりしているだけだった。

これが一九二三年九月一日、午前十一時五十八分に起きた関東大震災なのである。日本には地震が多い。電灯が揺れる程度のものは年に何度もあるので、それくらいの地震は、別に関心を持つ人もいないのが普通である。その日もはじめはそれほど大きな地震ではなかったので、別に大した関心を持った人はいなかったようである。いつもよりは若干酷かったことは事実だったけれども。

ところが次の地震後、意外にも大変驚くべき事態が発生した。普通、地震は左右に揺れるのが一般的なのに、この時は上下に動いてどっと尻餅をついた形だったので、大地が裂け、鉄道のレールがねじれてしまう事態が発生したのである。電柱や信号機がへし折れた。そうなると今度は屋根の瓦が滑り落ち、門柱が折れ、家具が壊れて木っ端微塵になってしまった。にわかに起こったことなので、人々はあわてふためいて家の中から飛び出す途中に家が倒壊して、その下敷きになり死ぬ人もあれば、なだれを打って落ちてくる瓦に頭を打たれて砕かれるか、腕や脚が折れたりもした。そこでわあわあ泣きわめいて、ごったがえしたのであった。急に生き地獄に変わったのだ。

しかしそれだけではない。時はちょうどお昼仕度の時だったので、家毎にかまどや煙突から火が出始めていた。当時の日本は木炭をたくさん使っていたし、また大概の家では焜炉を使っていたので、それが火災の原因になったのだった。実はそれより数多い工場で、あちらこちらで火が燃え始めた。それでも人々は火事などには全く関心がなかった。

その時私は度胆を抜かれて、かなりの間道端でぼーっと立ちつくしていた。どうしてよいのか、何も考えが浮かばなかった。家に行こうとしても気が遠くなる距離である。当時、私は淀橋区柏木で数人の友だちと一緒に間借りをして自炊をしていた。そこは私が立っていた所から優に三、四里は越すかも知れない。友だちはまだ故国から帰っていない状態であった。

　ところが、私はふと私の恩人の永井久禄氏の自宅が近くにあることに思いついた。あたふたと訪ねて行ったら、子どもたちだけがいた。そうして、幸いにもその家だけは無事であった。お互い何も口をきけず、言葉が出なかった。ぽかんとして互いに顔を見つめ合うだけだった。夕方になると家族の人たちが集まってきたけれども、ご主人は見えなかった。その家の父親は宮内省の役人だったので、宮中での非常事に備えて、昼夜を分かたず職場を離れられないとのことだった。その家庭はクリスチャン・ホームであった。私は当時信者ではなかった。それで、その家族はイエスを信じているという事実以外は、教派とか通っている教会の名前などは知らなかったし、知ろうともしなかった。ましてや、キリスト者たちの心がけや態度などについては全く知らなかった。

　ところが、後になってその宅の家族たちは内村先生の集会に出ていたし、永井氏こそは立派で真実な信者であったということを知り、それで一家和睦と、特に外国人の私どもに対して大変親切だった事実を知ることになった。その年は九月になっても少しも涼しくなかったし、それよりも世情がこんなに物騒な状態だったので、人々はいつ如何(いか)なることが起きるかもわからないので、家の中に入ろうとせず、町の中で数日を過ごしたのだった。

　ところがある日の夕暮れ頃、「あいつをつかまえろ！」という騒がしい喊声(かんせい)が聞こえ、青年たちが群れをなしてあちらこちらに走り回った。私は何も知らずに群集の中に混じってついて行ってみたら、あちこちでざわめく声が聞こえた。「不逞鮮人たちがいろんなところで火を放ち、井戸に毒を入れるし、特に婦女子に対しては誰でも出会うごとに強姦をするのだから大変だ。そんな奴らは殺してしまわにゃ」と言っているではないか。私はびっくり仰天した。ただ呆れてぼーっとなってしまった。私は怖づき、内心震え上がった。私が東京で、否、日本国中で知っている人といえば、ただ永井氏の家族だけである。したがって、彼らを除いては誰も身を寄せる所がなかった。にもかかわらず、私はその噂をあえて誰にも打ち明けることができなかった。なんて卑怯なんだろう。特に信仰というものを少しも理解できていなかったからである。

しかしながら、この噂は全ての人が知るようになった。永井氏の家族たちは私が怖じけているのに気付いたようだった。そのためか知らないが、彼らはより親切で格別に対してくれた。にもかかわらず、私は彼らの真心を理解できず、若干ではあるが不安感を抱いていたことを思うと、今も恥ずかしさと済まなさを禁じえない。その時から私は永井家の門外に出ることができなかった。その家族は私を匿(かく)まってくれ、私が外出するのではとどんなに気遣ってくれたかわからない。ところが村ごとに自警団を組織して、昼夜を分かたず青年たちが朝鮮人を探し歩いていた。時々家の中を捜索したりもした。「もし朝鮮人を隠したり保護するのを見つけたら、その人や家族までも容赦なく潰してやるから」と警告し脅すのであった。私は極度に怖じけづいた。日にちが経つほど朝鮮人虐殺に対する噂は高まって行く一方だった。今は民間だけでなく、警察までこのことに協力する気配だということだった。

耐えきれなくなった家族たちは相談した結果、一つの知恵を出した。多くの人たちが毎日列をなして田舎に避難していた。だから我々も、私が自炊をしている淀橋区の柏木に身を避けようということになった。そこは東京周辺の片田舎なので市内よりは多少静かでもあるし、数年前まで永井氏のお宅もその村にあって住んでいたので、顔なじみの人たちもいてもっと安全だろうという考えから、私のために永井氏一家はそちらへ引っ越すことになった。

ある日の夕方、荷物を包んで私は永井氏宅の子どもたちと夜道を歩いた。あんなに夜光が燦爛として賑やかだった東京は、すっかり暗黒街に変わっていた。実は暗いほうが私には都合がよかった。顔が見えないからである。しかし、所々に夜警員たちが炭火を燃やして徹夜をしながら村を警備していた。夜警員たちは会うごとに「ご苦労さま！」という挨拶をした。苦労されているというねぎらいの言葉である。日本人は挨拶をとてもよくする。いくら小さいことでも、面識があろうとなかろうと、挨拶が身についていて、どんなことでもいちいち挨拶をする習わしになっている。特にこのような大変な時には言うまでもないことである。

しかし、そのことがかえって私には本当に辛くて苦しかった。日本人のふりをしているのだから、もし朝鮮人であることが知れると大変であるが、だからといって、無言で通り過ぎるとすれば怪しまれるだろうから、それも心配である。そこでできるだけ人を避けて、永井氏の子女の後ろについて行きながら、挨拶も誰がしたのか分からないように紛らせようとして大変気を使った。それに、私は布団の包みを背負っていたので、体中に汗が雨のように流れた。そのように気を遣いながら徹夜して三、四里の道のりを歩いて、目的地に辿り着いたのである。ひとまず心が安堵した。

しかしここも日本の地であり、ここにも日本人たちが住んでいた。なるほど近所の住民たちは大変同情的だったが、だからといって決して安心はできなかった。時々他の村からやって来て、家毎に捜しまわったからである。この怖い環境の中で十余日が過ぎた。その間五、六人の友人が訪ねて来て、一緒に暮らすことになった。毎日二十歳を越す男たちがぶらぶらと遊びながら、空しく時を費やしていた。永井氏宅の二人の子女が、我々の為に一緒にいながら面倒を見てくれた。おかずなど食料品は勿論、生活必需品を購入して来ることから、誰かが来たら我々の代弁者にもなってくれた。誰かが来れば、我々は息を殺してお互い顔を見合わせながら、事の成りゆきをみるのが常であった。和さんと健四郎君は交代で、なんとしてでも私を隠して擁護するのに大変な苦労をしたのである。

　私はここでしばらく方向をかえて、これを読んでいる読者にもっと実感を持てるように、我々が皆等しく体験したあの恐ろしい六・二五（訳註・朝鮮戦争のこと）を回想しようと思う。韓国人として二十五歳以上ならば六・二五という言葉を聞いただけでも、胸が騒ぎだし身震いするだろうと思う。私は今当時の事をいちいち詳述するつもりはない。それはできないことはないが、まず避難の道を歩いてきた人ならば想像ができるだろうと思う。詳しい事は次の機会に譲るけれども、何年かの避難生活はどうだっただろうか。何よりも物資の窮逼はいうまでもないことだけれども、それよりもずっと苦しく困難なことは心の苦痛であった。それも、他人を騙すことが最も難しいことであるのを、骨身に沁みて実感したのだ。あの共産主義者たちの跳梁も見るに耐えなかっけれども、風の吹くにまかせ、波の打つままに朝令暮改する諂い屋たちの哀れな姿は、本当に見るに忍びなかった。

　私は今五十年前の関東大震災と二十三年前の六・二五の動乱を回想しながら、人生の道の険しさを痛感する。私は恐ろしい経験を二回もしたのである。

　ところが歳が七十になっても、人生の深く奥妙な意味をこんなにも曖昧で未だはっきりと悟っていないのだから、どうして悲しくないことがあろうか。

　おお！　主よ、ご照覧下さい、そうして早く来りませ。

数人の友が受けていた苦痛は言うまでもないが、永井氏の子どもたちにはあまりにも苦労をかけて大変申し訳なかった。心もとなく不安が続いていたある日、永井氏の奥様が我々がいる所を訪ねて来られた。本当に懐かしかった。

私は涙がでるほど有り難さを感じた。実は以前から我々はその方を「お母さん」と呼んでいたけれど、本当に母に出会ったような気持ちだった。奥様も我々が自分の子どもたちの配慮によって無事であることを大変喜び、感謝しておられる様子であった。そして「実はあなた方を故郷にお送りするためにやって来たのです」と奥様は言われるのであった。この話を聞くや、我々は一斉に歓声を上げた。上述したように、あたかも六・二五の時のように、世の中は全てがおじゃんで万事休すになっていた。全てがめちゃくちゃであった。毎日三度の食事をすることが、我々が為すことの全部であったのだ。

我々は何の考えもなしに（実はできずに）獣のようにその日その日を過ごしていたから、この知らせをどんなに嬉しく歓迎したか知れない。しかし、我々はなすすべを知らず、ただその方の指示に従うしかなかった。我々は彼女の後について行き、その地域の警察署を訪ねた。高等係の主任に会ったのである。永井氏のご夫人は「自分は宮内省に勤めている役人の妻で、ここに私たちが大事に信頼している真面目な朝鮮人の学生四、五人を、この人たちの故国に送り返して家族たちを安心させてあげた方が良いと考え、ここまで来ましたから善処をお願いします」と要件を述べたところ、主任は頷いたように首を縦に振って、一つだけ大事なお願いがあると、我々に言うのだった。

「諸君も知っているように、時局が取り乱れていて流言飛語が日増しにはびこっている状態だから、格別に注意して、東京は大震災で修羅場になり全く勉強できなくなったので帰って来たということ以外は、何もしゃべってはいけない。宮内省のお役人のご夫人が保証されるのだから、少しも疑わないから、それだけ諸君は身の処し方を用心するように」と言って、我々の様子を探るのだった。我々も彼が何を言おうとしているのかを直感した。ほかならぬ「朝鮮人虐殺事件」に対して、一言半句も言っては困るという意味に違いなかった。我々は感謝を述べて帰って来た。お互い目と目で対話を交わしたのだ。とにかく我々は大きくため息をついて、捕虜の生活から釈放された感じだった。

我々はぐずぐずすることなく、さっそく翌日の早朝新宿駅へと急いだ。五、六人の同行者たちはどんなに足取りが軽かったことか。しかし、駅は人の山で立錐の余地もなかった。皆が避難民であった。老若男女がごっちゃになっていた。前日から（否、数日前から）駅で寝ながら汽車を待っている人たちでいっぱいであった。がやがや、からりころり、下駄の音で耳が痛かった。幸い我々一行は汽車に身を乗せることができたのだから、どんなに有り難かったか知れない。

今や我々は恐ろしい東京から離れた。しかしながら、未だ心の中は決して安心できる状態ではなかった。車の中が狭苦しいのは言うまでもなかった。トイレに行くことなどは考えもできなかった。座ったら座ったまま、立ったら立ったまま、身動きさえできなかった。

汽車にドアから乗った人はどんなに幸いな人かわからない。窓から入る人がもっと多いようだった。悲鳴が方々であがった。実は機関車、客車、貨物車の区別のないのは勿論であり、汽車の屋根まで人が溢れた。どんなに危険だったかわからない。

我々は列車の中で立ったまま小便を垂らすしかなかった。東海道線は鉄道が破損していて、やむを得ず中央線によって迂回したので、名古屋までどんなに遠かったか知れない。大部分山の中を通っていくのでトンネルが多く、窓を閉めることが多いので、車内は大変暑かった。京都の近くに着くと、心が安堵した。京都では貴婦人に見える女性たちが駅の広場にテントを張って、東京からの避難民をよくもてなしてくれた。我々もその中に紛れ込んで（実は朝鮮人学生以外はいなかったが）豊かなもてなしを受けるや、ぎごちない気持ちになった。実は中央線でも駅ごとに青年団、婦人会、学生たちまで、各団体から食べ物（のり巻き、果物）、飲み物（お茶、サイダー）、甚だしくは手拭い、ちり紙などを分けてくれるので、我々はいっぱいもらって集めた。そうしたところ、下関に着いたらもらったものがあまりにも多すぎて、捨てなければならない醜態まで演じたのである。

下関で連絡船に乗るや、もう一度ため息が出て来た。一睡したら遠くに曙がさして来て、釜山港がおぼろげに見えた。「わあ、着いたぞ！」と歓声をあげ、ただ陸地に早く着けることを待ち焦がれている瞬間、とうとう韓国の地に着いたのだ。我々は嬉しくて跳びあがりたい気持ちなのに、埠頭では自分たちの子どもを迎えに来た人たちが「誰々も来たか？」「わが子はどうなっているか？」などと大変だった。我々はいつのまにかまたもや悲しみに沈むことになった。「みな無事に帰ってくるはずですからご安心下さい！」というのが精一杯であった。悲劇は日本だけに限らず朝鮮にもあるのだと感じて、ことさら戸惑うのだった。

我々は焦心している数多い人たちをくぐり抜け、辛うじて汽車に乗ることができた。これでやっとひとまず心が安堵した。もちろん汽車の中には日本人たちも多かったけれども、「でもここはもう朝鮮だ」と思うと、やっと緊張が解けるのだった。

いつの間にか三浪津、大邱、金泉を経て永同に到着した。わが家は忠北の永同だったので、私は永同で友人たちと別れた。駅にはもしかしたらと思う何人かが待っていた。家の中に入るや笑い半分、涙半分で騒がしかった。再び生きて返って来た再生の人ということで、家族は大変な喜びようだった。私はそれこそ夢から目が覚めた人のようにぼーっとしていた。私は家族に、そして死地から帰ってきた私を見ようとして訪ねてきた村人たちに、東京の震災の話を大体話してやった。もちろん最初は「朝鮮人虐殺事件」については話が漏れることを懸念して大分用心した。あにはからんや、翌日には早くも私服の日本人刑事が訪ねてきて訊くではないか。

「東京から来ましたね。」

「そうですけれど。」

「なにか噂でも知っていることはありませんかね。」

「震災のこと以外は別に知っていることはありません。」

「他のことについては？」

「ああ！　それは別に話しませんからご安心ください。」

「よろしく頼みます。ではご用心。」

「ありがとう。さようなら！」

これがその時、私と刑事との会話の全部だった。当時私は未だ入信以前だった。「もし私が信者だったならば」という考えは、全く浮かびもしなかった。

私はここで私が記憶しているエピソードを一、二語ろうかと思う。「朝鮮人虐殺事件」については既に述べたが、はたして韓国人がそういった殺人、強姦、放火等々の悪行や犯罪をしたのか、あるいは、日本人たちの陰謀だったのかを私としてははっきり分からないけれども、多くの韓国人たちが虐殺されたことだけは事実である。そして中国人は韓国人と顔が似ているので、また、甚だしくは日本人の中でも東北訛りのため、韓国人と決めつけられて殺害された人までいたということである。

私にとって印象的な事件は、東京の中心地の神田、深川などでの火災の光景であった。それこそ恐ろしい火焔であった。ああ！　それこそ火の海であったのだ。特に夜、九段坂から神田区一帯を見下したところ、あたかも暴風に追われて迫ってくる波濤のように火の波がぶーんと音を立てながら、あちらこちらを呑みこんでいく火焔こそは、凄くてとうてい形容ができなかった。我を忘れて眺めていた記憶が今もありありと浮かぶ。「朝鮮人虐殺」に対する噂がたけなわの時、私はなんの考えもなしに床屋へ行って髭をそったことがあった。いつ、どこでなどは全く記憶に乏しいが、髭をそってから家に帰って考えてみると、ぞっとするのだった。もしも私が韓国人であることを床屋が知っていたならば、その剃刀(かみそり)で私の首を切りはしなかっただろうかと身震いするのだった。剃刀が私の首の周りで行き来していたことを考えると、気を失いそうになる。

最後に、中央線で汽車が停まるごとに、老若男女が各自いろいろな物を、あの人この人に惜しみなく与えていたことも忘れられない光景であった。なんと睦まじいことだろうか。なんと貴い心がけなのだろうか。なんと見上げた同胞愛の発露だろうか。まことに麗しく立派なことである。またすごく有り難く羨ましいことだった。

私が関東大震災を体験したのは、まだキリスト教を信じる前のことであった。このような驚くべき悲惨極まりないことは、私の生涯で初めて経験したことである。勿論、私も年若かったけれども（やっと二十の時だから）、それよりも未だ人生の意味も目的も価値も知らぬまま、張り切っていた時でもあった。

だから私がこのような事件を体験したといっても、

これによって何を悟り何を学んだだろうか。ただ怖かった、残酷だったなどの思いしか残っていないのだ。しかし、そうしながらも意識無意識の中でこの事件は明らかに何かを私に、特に私の深いところに与えてくれたのではないかと思う時、神の奥深い摂理を無視できないものと信じるのである。

私はこの辺でこの文を締めくくろうと思いつつ、ただひとつだけ釈明したいことがある。それは「入信五十年の回想」という題についてである。私は最初に「もはや五十年になるとは」という題目をつけたのだった。ところが「入信五十年の回想」とあるので、それでもまあ差し支えないと考えたのだった。しかし、「私が体験した関東大震災」という小題目をこの文の題目にしたらという考えも少しはあった。なぜならば、この文は私の入信前の事件を綴ったものなので、別に信仰とは関係ない回顧談に過ぎないからである。

それゆえ、私が最初に「最早五十年になるとは」としたのはその意味であり、私が関東大震災を経た後満一年半になる年に入信したのだから、関東大震災が私にとってどんな関係があるのか、またはどんな役割を果たしたのか、私は認識できなかったけれども、神が私に何かを準備されようと、私にこのような体験をさせられたのかもしれないと考えたりもする。そのような意味で「入信五十年の回想」という表題が全然無意味ではないと思うが、この文章が私の入信の直接的な関係や動機にはならないということは、文の内容でも十分わかると思うので、一言付け加えて釈明する次第である。勿論、この補足は是非とも必要があるわけではないが、紙面の余裕もあるようだし、心に若干の不安もあったので、このようにだらだらした言葉を並べて、恥ずかしながら数言付け加える。

（七三・一〇、一二、『聖書信愛』第一八四、一八六号）

入信の経路と伝道

訳者後記

曺享均

1

『聖書朝鮮』第一三二号（一九四〇・一・一発行）には、「われらを利用せよ」という題で、

　世の中には他人を利用しようとして昼夜分かたず策を弄し、苦労している人々が少なくない。しかし、ここには他人に利用されたくて、昼夜願いを立てている者たちが何人かいる。ただし、キリストにあって利用されたいので、熟考の後に利用して欲しい。

との書き出しのもと、その仲間として「咸錫憲君」、「宋斗用君」、「金教臣君」の名を列ねて簡単な紹介文を添えた後、「附」として「矢内原忠雄氏」をも紹介している。金教臣先生の文である。

　その昔、学生時代に内村鑑三聖書研究会の会員として直接薫陶を受けた朝鮮人学生、金教臣、咸錫憲、宋斗用の三人は、このようにして祖国での福音宣教の同志として、血縁の兄弟以上の、十字架の血によってつながった格別なる兄弟として、各自涙ぐましい戦いの生涯を貫いたのであった。

　たとえばその中の一人の咸錫憲は、生涯九回の投獄という茨の道を歩んだのだが、日帝時代、李友会事件（註・一九四〇年に平壌で起こった抗日運動事件）というものに連座の疑いで平壌警察署で一年間の投獄中、たまたま父君がご逝去された時、金教臣、宋斗用の両友が急遽、朝鮮の西北端の喪家に馳せ参じて、喪主の代役を勤めたということは、世間一般では考えられない特筆すべき美談である。

　上記の三人とも、内村先生との出会いと、彼を通

じて学んだキリスト信仰を抜きにして、その後の生涯の歩みは説明することはできない。金教臣は、一九一九年十九歳の時、三・一独立運動が終わるや、「不倶戴天の鉄心を抱いて」玄界灘を渡ったのだが、翌年十一月には、内村先生の門を叩くことになったのだから、それこそ人の計画を超えた神の摂理の御手を感ぜざる得ない。その師事した期間は五年四ケ月（一九二一年十一月～一九二七年三月）、咸錫憲のそれは約二年半（一九二五年秋～一九二八年）、そして宋斗用の場合は、約二年八ケ月ないし三年四ケ月である。というのは、宋斗用の場合は年表（『宋斗用信仰文集』第六巻四七二頁以下）によれば、一九二五年五月三日、二十一歳の時に内村聖書集会へ最初の出席をしているが、二十八年から二十九年四月まで学業を中断して帰国しており、一九二九年五月に再び東京へ戻ったが、学費の関係で、八月にはまた中断の已むなきに至っているという事情がある。

しかし宋先生の場合は、内村先生に入門の約一年後には回心を経験しており、また一九二九年一月十六日には、伝道の召命の啓示を受けるなど、熱き信仰に燃えていた。金教臣は彼を評して「猪突的」だという表現をしているが、その人となりを垣間見るにふさわしい言葉と言えよう。

もう一つ書き残したいことは、彼の中学の二年先輩ですでに内村の門下生となっていた柳錫東と計り、閉会後の出口に立って自分たちの外に同胞の学生がいるのかどうかを調べた結果、金教臣、咸錫憲、楊仁性、鄭相勲の四人を探し当てている。このことがなければ、その後の、六人組での朝鮮語の聖書の勉強会と同人誌『聖書朝鮮』（一九二七年七月）の出現はなかったか、或いは別の足どりになっていたかも知れない。

2

さてこの度、生前の宋斗用先生と直接お会いし、話を一度も交わしたことのない私が、まことに微力ながら先生の生涯の魂の記録に翻訳の手を染めることになったのは、奇すしき神のお導きとしてただ感謝の他言葉を知らない。

ただ遠目ながら、先生に最初にお目にかかったのは、一九五一年の末、悲劇の朝鮮戦争たけなわの時、避難地釜山の南富民洞の一角で集まった、クリスマス集会の時であった。まことにささやかな二十人ほどの集まりであったと記憶するが、そこに咸錫憲先生と宋斗用先生が見えておられたのである。

私は幼時より教会育ちであるが、解放後はおもにキリスト教青年会に熱を入れていたので、日曜学校や聖歌隊の奉仕はしていたものの、教会とは少し違った雰囲気の中で信仰生活を送っていたので、大学時代の青年会の先輩から連絡を受けて参加したそのクリスマス集会には、少しも違和感などを感じなかった。

その時、咸錫憲先生は、あのテニスンのメモリアムに出てくる有名な詩、「リングアウト・ワイルドベルズ……」(Ring Out wildbells…)を原文で淀みなく誦(そら)んじながら、流暢(りゅうちょう)な即興訳で反復説明をしつつ、お話をされ、宋斗用先生は何か庶民的な韓国語で味わい深いお話を面白く語られる方だなというのが初印象で、語られた内容は何も思い出せない。ただ「出来の悪い毬栗(いがぐり)、三年もつ」という諺が、妙に忘れずに耳辺に残っている。

3

その後先生との二度目の出会いは、とても衝撃的なものであった。一九五五年のことと記憶するが、内村先生召天二十五周年、金教臣先生十周年、安鶴洙先生五周年を合同で記念する講演会でのことだった。

会場は当時由緒あるソウルの培材中学校の講堂であったが、私としては正式の無教会の公開集会を初めて経験する機会であった。まず、盧平久先生の司会と聖書朗読があった。その読み方の抑揚と迫力というか、その凄まじさ（すさ）はまさに戦闘的でさえあって、一般の教会では到底接し得ないきわだったものであった。講演は柳達永先生に次いで宋斗用先生が壇上に立たれたと思う。そして次が咸錫憲先生の番であったが、何かしら緊張がただよった。

その切り出しがあまりにも印象的なので、今もはっきりとその語調を覚えているのだが、咸先生は開口一番こう言われるのであった。

これから私が言うことが間違っているとお考えなら、聞き流してかき消してしまわれるように。その代わり、私の言葉が正しいと思われるならば、会う人毎に力強く広く宣伝して欲しい。一石二鳥という言葉がありますね。しかし私は一石三鳥という言葉を使いたい。それは何かと言えば、今日、我々がここに集まって追慕する三人の方々のお名前をいちいち挙げることなく、私がこれから『あの方たち！』と言う場合は第一が内村鑑三、二番目が金教臣、三番目が安鶴沫！、その三人の方を指し示しているものと、わきまえていただきたい。ところで今日、一体何が恐くて内村先生の名を抜きにして語るのか。すごい剣幕でこう言われるのであった。私は率直に申し上げて、なぜそんなことをおっしゃるのか、そのお言葉の意味をはっきり解せなかった。というのは、仔細なことは分からず。ただ無教会の記念集会があるからということで、出席したからである。

ところが、お話が終って壇を下りるや、今度は宋斗用先生が再び登壇されて、こう語られるのであった。

私がお話を機智を利かせて面白く進ませるつもりだったのが、つい、調子に乗ったあまり、肝心な糸口を逃してしまった。私とて、どうして内村先生を隠そうとなどしようか。しかしとにかく、結果的に先生のお名前が抜けてしまったのだから、その点申し訳なく思います。

このように述べられて、丁重に聴衆の前で謝られるのであった。少しも私心のない、その真摯さ、その純粋、今まで数多い一般社会の集会や教会の集いでは接し得なかったもので、それまでの私にはとうてい想像もつかない光景であった。

他のことは皆忘れてしまったが、あの時のあの衝撃的な場面だけは、今も生々しくはっきりと脳裏に刻まれている。無教会の面目躍如と言おうか。五十五年も過ぎた今でも、その時の場面がありありと瞼に浮かんでくる。

咸先生が故郷を離れて南へと三十八度線を越えた時には、ひとえに宋斗用先生をあてにしてのことであったし、その後、宋斗用先生にかなりお世話になったことは容易に想像できる。既述したご尊父の葬儀のことも合わせて考える時、お二人のあの記念集会での行動は、到底凡人にとっては考えられないことであるが、そのことによってお二人の友情にひびが入ったということを聞かない。否、むしろ、より親密になったのかも知れない。

まことの無教会の兄弟姉妹たちの友情の世界、その教友関係、エクレシアとはいかなるものであるかを垣間見させてくれた事件だと思う。

日帝時代、その中の一人は、平素感じた欠点をお互いにためらわず言い合い、それを有り難く受け止め、そしてお祈りで別れるというそういったグループ指導をされたということを聞いたことがある。

最近聞いたことだが、ある日、咸先生が宋先生のお宅を訪れるや、宋先生はいきなり立ち上がり、お互いが韓国式の深々としたお辞儀をして座られるのを目撃したという。

4

しかし私は、ここでもう一つのことを語らればならない。誇張した言い方かも知れないが、それこそ宇宙的スケールの思想面で、私を虜にした事件である。「ああ、宋斗用先生!」と、湧き溢れる尊敬の念を禁じえない。勿論これは私がその現場に居合わせた目撃談ではない。しかし、私としては伝え聞いただけで有り難い。自ずからアーメンを発する事件として心にとめている。

それは、解放後、政池仁先生が個人の資格で日本国の暴虐について謝罪のため来韓された時のことである。先生が「過去、日本の朝鮮侵略を申し訳なく、心から謝罪いたします」と言われた時、宋斗用先生はその言葉を受けて、「侵略されたことを心から謝罪します」と答えられたというそのことに対してである。

これは上辺だけの耳ざわりのよい、言葉を弄(ろう)したものだとは思わない。平素の先生のお考えが、飾り気なく瞬間的に発せられたものであり、そこには深い哲学的な意味があるのだと私は思う。孟子の言葉に「夫れ人必ず自ら侮りて、然る後人之れを侮る。家必ず自ら毀りて、而る後人之れを毀る。国必ず自ら伐ちて、而る後人之れを伐つ。」(夫人必自侮、然後人侮之。家必自毀、而後人毀之。国必自伐、而後人伐之。)という言葉があるが、家の戸締まりをし損ねて盗人を呼び入れたという謂れのように、如何に我々が不忠実で意気地がないため、よそ様が我々を侵略する気になったのではないかという自省論である。

否、もう一歩進んで、信仰の見地では、厳密な意味において侵略も敗北も成立しないのだと思うのだがどうだろうか。イエスの十字架と復活がまさにそれではないか。我々の心の中に住みたもうキリストを奪い得る者はないからである。神に敵して勝ちうる者はないからである。したがって、これは韓日間にしろ、その他の国際間にしろ、問題を解決するにおいての平和樹立の思想的信仰的原点であり、いかなる力によっても挫(くじ)けない不死鳥の信仰だと思う。この信仰の遺産を受け継ぎ、守りたい。

5

まことに拙い翻訳を終えるに当たって、私は再び、当初の金教臣先生のアピール「われらを利用せよ」とのお言葉を想起したい。神の測り知れないお恵みと摂理によって、あの三人の信仰と生涯を我々韓国の無教会に遺産として与えられた。その貴い信仰の遺産を土の中に埋めて置かない知恵が(マタイ二五・三〇～)、宋斗用先生のような開かれた心が、韓国の無教会の前途に必要なのではないだろうか。

最後に、実に思いもよらぬ私の日頃の夢が、この度のこのプロジェクトによって実現されて感謝である。それは、このような翻訳事業は、両国の言語の持ち味を謙虚に出し合い、磨き合って、一つでも多くの添削と校正があってこそ達成できるという願望が、今回申し分なく実現できたということである。ここに、その労をとって下さった方々、日本の友人の方々に対して心からなる感謝をささげたい。また、六巻よりなる宋先生の文集の中から二巻の分量に選んでくださった李瑨求、森山浩二の両先生のご愛労に対しても、また、この出版をお引き受け下さったキリスト教図書出版社にも、深くお礼を申し上げたい。

宋斗用先生　年譜

一九〇四（〇歳）

七月三一日　韓国忠清南道大徳郡で、宋憲玉の次男として生まれる。

一九〇六（二歳）　生母亡くなる。

一九〇八（四歳）　伯父宋憲琪が亡くなり、子が無かったので、養子に入り戸主となる。養母の朴信は篤信な仏教徒であった。

一九一〇（六歳）　養母に従い。ソウルの実家に住み、漢文を修学する。

一九一二（八歳）　養母の故郷である忠清北道永東へ転居　書堂で漢文を修学。

一九一四（十歳）　ソウルへ転居。

一九一八（十四歳）

三月　祭洞公立普通学校卒業。養正高等普通学校に入学。

一九二一（十七歳）

五月　裵癸福と結婚（八人の子供に恵まれる）

一九二二（十八歳）　養正高等普通学校（四年制）を卒業　東京の正則英語学校に遊学。

一九二三（十九歳）　関東大震災に遭遇、下宿先の永井久録氏の保護の下に無事帰国。母校の養正高等普通学校が五年生となり、編入。

一九二四（二十歳）

三月　養正高等普通学校を卒業。仁川永宗公立普通学校教師として赴任。

一二月　神経衰弱を発病。

一九二五（二十一歳）

一月　学校を辞職して帰家。

四月　啓示により東京農業大予科に留学。

五月三日　永井氏の紹介で、内村鑑三聖書集会に出るようになる。この日を入信日とする。

一九二六（二十二歳）　ある春の日に回心を体験する。

養正の二年先輩の柳錫東と語らい、内村聖書集研究会に出席している朝鮮人学生を探し、六人（鄭相薫、金教臣、柳錫東、楊仁性、咸錫憲、宋斗用）で聖書研究会を始める。

一九二七（二十三歳）

七月『聖書朝鮮』創刊（六人の同人誌）。夫人も東京にいたが、出産で帰国。

一九二八（二十四歳） 学業を中断して帰国。

一九二九（二十五歳）

一月 伝道の召命を受ける。

五月 第三回渡日 研修学館で学ぶ（内村聖書集会に出席することが目的）

六月 内村先生信仰五〇周年記念礼拝に参席 八月学業中断して帰国。

一九三〇（二十六歳）

三月二八日 内村鑑三逝去。

六月 実家商工学園の教室を借りて、金教臣と共に公開聖書集会を始める。

七月 金教臣、柳錫東とともに平安北道へ伝道旅行。

九月 京畿道梧柳洞に転居 農業始める 家庭集会も始める。

一二月 梧柳学園（昼は子供。夜は成人）を開園。

一九三一（二十七歳） 当時は金教臣と合同伝道（梧柳洞と活人洞を往来）

一九三二（二十八歳）

一二月三〇日 冬季聖書集会を活人洞で開催 仁川の朴晶水女史と知り合う。

一九三三（二十九歳） 秋に梧柳学園の校舎を新築。

一二月 第二回冬季聖書講習会を梧柳洞で開催。

一九三四（三十歳）

一二月二九日 第三回冬季聖書講習会を梧柳洞で開催。

一九三六（三十一歳）

一二月三〇日 第五回冬季聖書講習会 梧柳洞で開催。

一九三七（三十二歳）　慶尚南道金泉にあった農地を小作人たちに分配処分。

二月二三日　三友堂時計店を開業。

五月三日　東大門区明倫洞へ転居。

第六回冬季聖書講習会は時局の関係で中止。

一九三九（三十五歳）

一月　第七回冬季聖書講習会　貞陵（金教臣宅）で開催。

一九四〇（三十六歳）

三月　内村鑑三先生一〇周年講演会（講師・黒崎幸吉）

九月九〜一三日　矢内原忠雄、京城での「ロマ書講義」。

一二月三〇日　第九回聖書講習会　貞陵で開催。

一九四二（三十八歳）

三月三〇日　「聖書朝鮮事件」で被検、獄中生活をする。

一九四三（三十九歳）

三月二九日　一年ぶりに不起訴で出獄。

一九四五（四十一歳）

四月二五日　金教臣召天。

八月一五日　解放（日本の無条件降伏）梧柳地区の自治委員会委員長になる。

一九四六（四十二歳）

一月　個人伝道誌『霊断』創刊。

八月　義務教育実施で、梧柳学園を国民学校に改編し引き受ける。

九月　梧柳幼稚園開園。

一一月　盧平久『聖書研究』誌創刊。

一九四七（四十三歳）

三月　咸錫憲　越南（北朝鮮から韓国へ脱出）

四月二五日　金教臣二周年記念礼拝（貞陵）

一九四八（四十四歳）

二月　梧柳洞の家を整理　仁川に転居。

一九四九（四十五歳）

五月　江華島に転居。

一九五〇（四十六歳）
一月一日　馬山旅館で霊の審判と新生を体験。
三月　江華島からソウル阿峴洞に転居。
三月　中断していた『霊断』誌を『隠れたくらし』誌と改名して続刊。
四月　キリスト教講演会　ＹＭＣＡで開催。
六月二五日　朝鮮戦争起こる。仁川に転居。
一九五一（四十七歳）　仁川、徳積島、群山、釜山など避難で転々。
一九五二（四十八歳）　慶尚南道金海に避難。
一九五三（四十九歳）　朝鮮戦争、休戦。
一九五四（五十歳）　京畿道素砂へ転居。
一九五五（五十一歳）　梧柳洞に転居。
六月　個人伝道誌『聖書人生』に改題続刊。
八月　夏季聖書集会（「聖書研究社」主催、徳積島）
一九五七（五十三歳）
四月　金教臣一二周年記念会（梧柳洞で）

一九六〇（五十六歳）
五月七日～一七日　金海、釜山、大田、洪城など伝道旅行。
八月　富川刑務所で伝道開始。
一九六一（五十七歳）
二月　梧柳学園（中等課程）開校、三年間苦闘の末、廃校。
一九六四(六十歳)　個人伝道誌『聖書信仰』改題続刊。
九月　政池仁　訪韓伝道旅行。
一九六五（六十一歳）
五月一二～六月一二日　日本伝道旅行。
一九六七（六十三歳）
四月二一日　伝道誌を『聖書信愛』と改題。
一九六八（六十四歳）
一〇月　原因不明の病気で長期臥病。
一九六九（六十五歳）
三月　転地療養で長峰島へ。そこのプルン学園を引き受ける。

一九七〇（六十六歳）　長峰島で夏季聖書集会を開催。

一九七一（六十七歳）

一月　長峰島で冬季聖書集会を開催。

一九七二（六十八歳）

三月　仁川集会を始める。

八月　長峰島で夏季聖書集会を開催。

一九七三（六十九歳）

七月『聖書信愛』誌、同人誌に改編。

一九七五（七十一歳）

五月　信仰五〇年記念会　『信仰のみの信仰』刊行。

一九七六（七十二歳）

八月「梧柳文庫」開設。

一九八〇（七十六歳）

五月　全ての公務から引退　アメリカ旅行へ出発。

一九八一（七十七歳）

五月　老患でアメリカから帰国。

一九八二（七十八歳）

二月　プルン高等国民学校開校。

一九八六（八十四歳）

四月一〇日　召天。

（宋斗用先生追憶集編纂委員会編『信仰のみの生涯』一心社　一九八九）を参考に作成—森山）

【た】

【な】

【ま】

【や】

【ら】

索引

【あ】

【か】

【さ】

韓国無教会双書（全9巻　別巻1）

第1巻	＊信仰と人生　上	（金教臣）
第2巻	＊信仰と人生　下	（金教臣）
第3巻	山上の垂訓	（金教臣）
第4巻	＊日記1　1930-1934年	（金教臣）
第5巻	日記2　1935-1936年	（金教臣）
第6巻	日記3　1937-1938年	（金教臣）
第7巻	日記4　1939-1941年	（金教臣）
第8巻	信仰文集　上	（宋斗用）
第9巻	信仰文集　下	（宋斗用）
別　巻	＊金教臣――日本統治下の朝鮮人キリスト教者の生涯	

（＊ キリスト教図書出版社版の復刻）

本双書は当初キリスト教図書出版社から刊行されたが、同社創業者・岡野行雄（1930-2021）氏の死により全10巻構想のうち4冊で中断を余儀なくされた。その後、岡野氏と皓星社創業者・藤巻修一の生前の交友により皓星社が構想を引き継いで残された6冊を編集し、既刊と併せて装いを新たに出版することとした。

韓国無教会双書　第9巻

信仰文集　下

2023年12月25日　初版発行

著　者　宋斗用
訳　者　曺享均
監　修　森山浩二

発行所　株式会社 **皓星社**
発行者　晴山生菜
〒101-0051 東京都千代田区神田神保町3-10
宝栄ビル6階
電話：03-6272-9330　FAX：03-6272-9921
URL http://www.libro-koseisha.co.jp/
E-mail：book-order@libro-koseisha.co.jp

印刷　製本　精文堂印刷株式会社

ISBN978-4-7744-0812-5